成为解决问题的**高手**

从被动应对到主动创新

FOUR TYPES
OF PROBLEMS

From Reactive
Troubleshooting
to Creative Innovation

[美] 阿特·斯莫利（Art Smalley）著

周宏博 周健 李兆华——译

机械工业出版社
CHINA MACHINE PRESS

U0367524

图书在版编目（CIP）数据

成为解决问题的高手：从被动应对到主动创新／（美）阿特·斯莫利（Art Smalley）著；周宏博，周健，李兆华译．—北京：机械工业出版社，2020.1（2023.4 重印）

书名原文：Four Types of Problems: From Reactive Troubleshooting to Creative Innovation

ISBN 978-7-111-63045-6

I. 成… II. ①阿… ②周… ③周… ④李… III. 分析问题和解决问题能力－研究 IV. G442

中国版本图书馆 CIP 数据核字（2020）第 063510 号

北京市版权局著作权合同登记　图字：01-2019-3104 号。

成为解决问题的高手：从被动应对到主动创新

出版发行：机械工业出版社（北京市西城区百万庄大街 22 号　邮政编码：100037）

责任编辑：王宇晴　邵啊敏　　　　责任校对：李秋荣

印　　刷：北京建宏印刷有限公司　　版　　次：2023 年 4 月第 1 版第 3 次印刷

开　　本：165mm×205mm　1/20　　印　　张：10⁹⁄₁₀

书　　号：ISBN 978-7-111-63045-6　定　　价：59.00 元

客服电话：（010）88361066　68326294

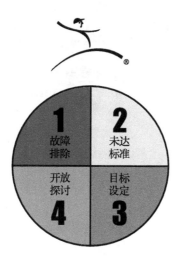

作者的其他作品

《均衡生产》
Creating Level Pull

《丰田持续改善法》
Toyota Kaizen Methods

《A3思维》
Understanding A3 Thinking

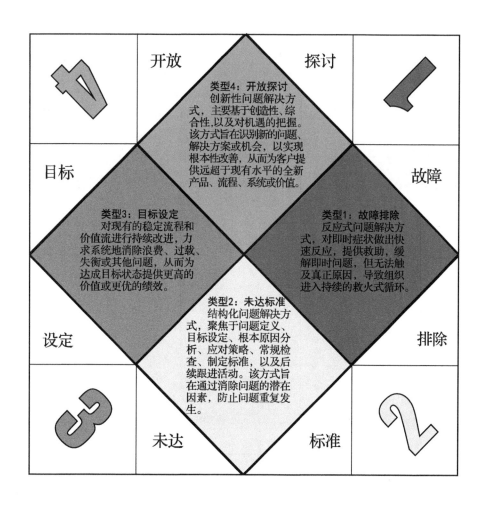

开放　　　　　探讨

类型4：开放探讨
创新性问题解决方式，主要基于创造性、综合性，以及对机遇的把握。该方式旨在识别新的问题、解决方案或机会，以实现根本性改善，从而为客户提供远超于现有水平的全新产品、流程、系统或价值。

目标

故障

类型3：目标设定
对现有的稳定流程和价值流进行持续改进，力求系统地消除浪费、过载、失衡或其他问题，从而为达成目标状态提供更高的价值或更优的绩效。

类型1：故障排除
反应式问题解决方式，对即时症状做出快速反应，提供救助，缓解即时问题，但无法触及真正原因，导致组织进入持续的救火式循环。

类型2：未达标准
结构化问题解决方式，聚焦于问题定义、目标设定、根本原因分析、应对策略、常规检查、制定标准，以及后续跟进活动。该方式旨在通过消除问题的潜在因素，防止问题重复发生。

设定

排除

未达　　　　　标准

目录

推荐序一　善待问题

推荐序二　解决问题的人、工具和目的

译者序　　成为更好的问题解决者

序言　　　四种类型的问题解决框架

导论

第1章　现代问题解决方式的崛起　/1

第2章　故障排除（类型1）　/29

第3章　未达标准（类型2）　/42

第4章　目标设定（类型3）　/89

第5章　开放探讨（类型4）　/114

第6章　总结　/144

第7章　组织能力评估　/151

致谢　/166

参考文献　/168

善待问题

阿特·斯莫利是极少数早年在日本丰田生产线上接受过日本师傅磨炼的美国工程师。他的《均衡生产》与别人的《学习观察》（*Learning to See*）、《创建连续流》（*Creating Continuous Flow*）、《精益物流：让物料流动起来》（*Making Material Flow*）等同为精益工具用书，在国际上享有盛名。

通过拜读本书，我获得了几点启发：

1. 知道有问题是件好事，正面对待问题可能会为你带来意想不到的惊喜。
2. 如果一个组织的问题很多，学习如何分类是解决问题的第一步，让不同层级的员工去处理不同类型的问题，各司其职。
3. 有问题就要有人去解决，企业领导的一个重要职责是培养员工解决问题的能力。
4. 精益改善和创新双轨并进，带领企业持续发展。

斯莫利开宗明义地为"问题"下了定义：问题就是现状和目标之间的差距。"解决问题"就是缩小这个差距。因此，"问题"不再是个负面的名词，而是正面的挑战。我们每天遇到的公私问题何其多，只要善用正面的态度去应对，大小问题都能得到解决。即使应对一次达不到期望，也可为持续改善带来机会。

本书的问题解决方法大多源于斯莫利在日本丰田公司工作时的观察、学习与亲身经历。研究丰田生产系统（TPS）的专家在丰田公司门外已经观察、学习了30年，随着丰田公司的持续进步逐渐摸索出一些门路。早期是"盲人摸象"，专家认为TPS就是5S、看板或准时制生产等精益工具；继而专家发现了丰田屋，屋顶由"自动化" $^{\ominus}$ 与"准时制生产"两根梁柱支撑；10年前，丰田方式又进一步提出"流程优化"与"能力构建"的概念，取代原两根梁柱的系统。这个摸索过程的意义是，有心人终于进入丰田殿堂，更深层次地去接触丰田文化。以上演变总结起来就是丰田公司在不同时期遇到不同类型问题时，所摸索出来的相应对策！

"四类问题"是丰田公司总结出来的一套体系，被用于指导组织分析问题，然后将不同类型的问题交给不同层级的干部去处理。例如，把第一类救火型的问题交给现场一线员工，因为他们天天在现场同问题作战，知道怎样处理是及时有效的。公司只要教给他们基础的应对方法，建立及时上报机制，就可以有效防止问题发展到下个类型。

这套方法要求各层级干部各司其职。经理层级的干部集中精力处理第二类未达标准的问题，带领一线员工与工程师团队回归标准。总监和副总经理层级的干部则领导企业精英开展跃进式的改善，解决第三类问题，跨越标准，再创新高。第四类型的挑战则被留给总经理和总裁，他们要去思考如何

$\ominus$　本书带引号的"自动化"，均指让设备或系统拥有人的"智慧"，达致人机的最佳结合，而非用机械完全代替人力。——译者注

创新，并规划企业未来的方向和战略。

《会思考的丰田现场》的作者田中正知先生，曾在书里提到"丰田方式"背后的思想："人性尊重，诸行无常，共存共荣，现地现物。"正因为周遭有太多不可预测的事件发生，组织必须培养员工应对问题的态度与能力，包括定义问题，过滤问题，收集数据，分析问题，挖掘根本原因，寻找对策，做试验测试，审视结果和标准化等。"能力构建"清楚地体现了其背后的精神。组织要先"培养"个人能力，而后才能"构建"组织能力。

"能力培养"并不意味着"推动"所有员工学习同样的技能，我认为更有效的方式是按照个人负责的不同类型问题来"拉动"不同问题解决方法的培训。记得斯莫利曾告诉我，TPS除了代表"丰田生产系统"外，还有另一个解释——Thinking Process System，译为"思想流程系统"，一切都以问题解决为中心。这个简洁有力的说法值得精益圈的朋友学习，并虚心揣摩和实践。

第一类和第二类的问题解决方法与精益思想主导的持续改善不谋而合，目的是让流程稳定下来，回归标准。企业要想继续生存，必须寻求进步的机会，否则很快就会被竞争者超越。第三类和第四类的问题解决方法能为企业带来新的挑战，不论是向更高层的运营目标进军，还是开发新的产品与流程，都能为企业带来更大的成长空间和更多的利润，增强竞争力。因此，精益和创新需要同轨并进，缺一不可，而四类问题解决方法就像是支撑组织运作的四个支柱。希望本书能为读者带来新的思路，推进精益和创新，为企业带来价值。

赵克强博士

精益企业中国总裁

2019 年 1 月

X

解决问题的人、工具和目的

我学习精益已经20年了。和许多精益粉丝一样，在刚开始的时候，我所听到和所学到的大多是各种精益工具。在很长一段时间内，我都赞叹这些工具的神奇构想，每当我使用这些工具后也都有过不同程度的惊喜。坦白讲，我感觉自己一度把精益工具神化了。

大约10年前，随着管理企业难度的加大，我突然意识到，自己几乎忘记了一个最粗浅的道理，那就是从管理角度看，我们都要遵循"人使用工具来解决企业问题"这一基本逻辑。这句话一共有三个要素。

第一个要素是"人"，即企业的员工。我常常看到这样一种现象，很多精益粉丝或者咨询公司特别擅长运用精益工具，却忘记了"人"才是企业的第一核心。遗憾的是，我们明知员工才是企业最大的资本，但员工的价值从来不会被计入资产负债表（除了个别特殊行业，如足球行业足球俱乐部的转会费），而这一点也许正是资产负债表需要改善的地方。30多年的工作经验告诉我，将精益变成一种企业文化，企业才能具有灵魂。

第二个要素是"工具"。我记得多年前，曾经有人把风靡全球的"六西格玛"和"精益"进行对比。我在这里并不想讨论它们之间的优劣，只想请大家回忆 10 年前的事。当时，一些世界 500 强企业声称它们通过推行"六西格玛"取得了巨大成功，一时间不少人费尽心思成为绿带、黑带，似乎六西格玛就是一支魔术棒。再后来，不少非常知名的六西格玛标杆企业突然一蹶不振，这时候又有人跳出来说："六西格玛已死。"其实，精益和六西格玛都只是提供了一系列的工具，而工具就像数学、物理一样，是随着人类科学的进步而不断发展的，是不会"死"的。不过，工具就是工具，关键在于谁来使用它。工具是为人服务的，人绝不可以成为工具的奴隶。

第三个要素是实施精益的"目的"，我们实施精益，归根结底就是为了解决企业存在的问题。在如今的数字化时代，随着社会的发展，企业遇到的问题发生了巨大变化，摆在我们管理者面前的困难也随之变化。最近，碰巧一家专业管理咨询公司的朋友告诉我，他在为一家方便面厂商做咨询，使这家企业从辉煌走向低谷的并不是它的传统竞争对手，而是各类网络送餐公司。面对新的问题和挑战，我们必须找出解决方案对症下药，这才是精益的根本目的。

本书的作者阿特·斯莫利先生正是从解决企业问题这一"目的"出发，讲述了很多"解决企业问题"的思路，值得我们慢慢品味。

斯莫利先生还特别强调从"被动应对"到"主动创新"这个要点，使精益能够与时俱进，解决新时代企业面临的挑战。诚然，每个企业都不同，遇到的问题也大相径庭，本书不可能为您的企业提出针对性的解决方案，但其方法论值得我们仔细学习。书中描述的很多方法，都曾被我在管理实践中不同程度地验证过，它们颇为有效。

本书由精益企业中国总裁赵克强博士倾情推荐，同济大学的周健教授等学者精心翻译，以便更多的国内读者学习。

陈业宏

罗盖特全球执行副总裁

全球质量兼中国区总裁

2019 年 5 月

译者序

成为更好的问题解决者

千里马常有，而伯乐不常有。问题常有，而好的解决者不常有！

任何时代、任何社会、任何组织，都不缺乏问题，只缺乏问题解决者。因为缺乏问题解决者，所以许多问题长期得不到有效解决，更不用谈高水平的问题解决了。

如何才能成为更好的问题解决者

本书从问题解决的分类入手，提出将问题分为故障排除型、未达标准型、目标设定型和开放探讨型这四种类型，指导我们更有效地解决问题。这个分类源自丰田公司，实际上与丰田公司对问题的独特定义密不可分——所谓"问题"，就是现状与理想状况之间的差距。你设定的理想状况是什么？如果是维持现状，那么它就属于前两类（被动响应式）；如果是要超越现状，那么它就属于后两类（主动创新式）。

斯莫利先生的这个分类非常有价值，提醒我们在忙于问题解决的同时，既要脚踏实地，又要志存高远。当你仔细阅读本书时，你会发现这个分类的威力，也会欣赏到斯莫利先生在问题解决方面的深厚功力。我也分享自己关于问题解决的一点心得，算是与斯莫利先生的见解相互映衬的不同视角。

我认为，个人和组织在培养问题解决能力的过程中，要注意把握好三个维度：广度、深度和高度。

所谓问题解决的广度，其第一种含义是指要广泛地接触和解决各种不同类型的问题，因为这会显著地拓展我们的视野，积累我们的见识，甚至还会产生触类旁通的效果。广度的第二种含义是要着眼全局，要求我们找到全局意义上的重要问题，予以优先解决。这些问题的有效解决会带来"牵一发而动全身"的正面影响。第二种含义的广度，也可以被称为"系统性"。

所谓问题解决的深度，是指从根本上解决问题。要真正从根上解决问题（挖到根，并找到有效的对策），最重要的是坚持科学的态度，运用工程知识，积累可靠的工程经验，而不是肤浅的经验。精益问题解决的一个经典方法是"五个为什么"（5 Why），这个方法看似浅显，实则对这种"可靠的工程经验"有很高的要求，否则很容易问偏了方向，流于形式。我曾经翻译的另一本书《精益的产品和流程开发》提到，北美一些汽车业工程师邀请丰田同行帮助解决问题时惊叹："他的职位和工作年限与我差不多，但他怎么懂得这么多！"

所谓问题解决的高度，是指要勇于挑战更有难度的问题，以向更高水平的目标挑战。这种挑战必然不同于处理日常发生的那些问题，会大大降低问题解决的一次成功率，带来失败的感觉。挑战所经历的失败，带给我们的收获远远超过那些低水平重复的"成功"。高度有另一层含义：在识别 / 定义问题时，要注意"仰望星空"，遥望未来。我们要从帮助个人或企业参与到更高水平的竞争，实现可持续的生存高度，识别出重要的问题。

我很荣幸有机会翻译本书，翻译的过程是极佳的学习机会。本书的译者团队是典型的"老中青结合"。担纲主力的宏博，于 2007 年进入同济大学工业工程系学习，毕业以来一直以极大的热情与干劲从事精益实践，而且得到名师指点，现已成为能力相当不错的咨询顾问。兆华老师是有着台湾丰田 28 年经验的资深专家，在译稿的修改过程中提供了重要的意见，为我们保驾护航。

感谢精益企业中国总裁赵克强博士的信任和支持，将翻译这本重量级佳作的重任交给我们。感谢机械工业出版社编辑团队，督促并支持我们高效地完成了翻译工作。

我深信，您阅读本书时会很快被其中的知识吸引，并跃跃欲试。预祝您在成为更好的问题解决者的道路上更上一层楼。期待您将自己解决问题的心得与我们分享，也欢迎您反馈翻译中的问题。我的电子邮件是 madeinchina@tongji.edu.cn。

周健　博士

同济大学中国制造发展研究中心　主任

同济大学机械与能源工程学院　副教授

2019 年 5 月

四种类型的问题解决框架

"你想解决什么问题？"这是那些受人尊敬的精益大师经常提出的问题，也是作者阿特·斯莫利在丰田公司时被导师所问的问题，而且被一遍又一遍地询问。现在，阿特提出了同样的问题。在对其含义进行更深入的思考之后，面对不同的情境，你又将如何应对呢？

我们现在绝不缺少问题：重大问题、人的问题、社会问题、业务问题等，更不用提那一小部分仅仅是令人讨厌的琐碎问题了。每个领域的每个组织成员，每天都会碰到问题，对于这些问题，有人会选择面对，有人会选择回避，有人则根本识别不出来——这才是最大的问题。当然，我们希望能够解决自己所面对的每个问题。关于问题解决，市面上有很多书籍和培训项目，你可能已经读过很多这方面的书籍，或参加过这样的培训。

然而，作为组织技能或个人技能，问题解决能力似乎常常被卡在第一个齿轮上，有时甚至更糟——齿轮在反向转动。这就是为什么我们认为，是时候帮助大家进一步理解有效解决问题的艺术和科学了。

为什么需要解决问题

解决问题可能是最基础的人类活动。我们都会呼吸、吃饭，以及睡觉。呼吸与睡觉是自然而然发生的事，但吃饭不是。如果没有及时吃饭，我们会感到饿，也可能会感到冷。这就成了我们要解决的首要问题——如何找到食物，或者如何保暖？解决问题就是我们学会思考的过程。毫不夸张地说，做人就要解决问题。对我们的日常生活和组织管理来说，有效地解决问题具有基础性意义。

任何公司在追求任何形式的改善时，问题解决能力都至关重要。如果一个组织问题解决能力较差，那么它在长期运营中必然会磕磕绊绊，而如果它拥有一支问题解决者大军，就能更加从容地应对来自充满竞争的市场环境的挑战。这就是本书的出发点——将解决问题作为企业活动的一部分。

工业出现伊始，就伴随着工业化的问题需要解决。经验丰富的问题解决者知道，"日光之下，甚少新事"。逻辑学、批判性思维、数学，以及质量工具等，在人们解决现代问题的过程中扮演了非常重要的角色。工业革命本身就是大范围地努力解决问题以提高生产力的结果。人类自此生活在一个更广大的社会群体中，生产出的产品不仅能满足现有需求，还能创造出更多的需求。对更高的效率和质量的追求，直接引发了人们解决企业问题过程中的实践需求。

你通过解决问题、失败、反思失败和调整方向来学习。

——史蒂夫·乔布斯[一]

[一] Steven Levy interview of Steve Jobs, "Good for the Soul," *Newsweek*, Oct. 6, 2006.

本书的目的

本书最主要的目的，是以一种能让初学者理解，甚至对高级实践者也有用的形式，全面地展示解决问题的相关知识。我们还考虑到三个明确的目标。

- **创造一种解决问题的参考方法**：这是一本为从事解决问题的个人和团队所编写的"用户手册"。在每辆新车里，你都能在手套箱中找到一本用户手册。你不需要每天都读它，但当你遇到麻烦时它会很有用。你完全可以把本书当成这样的用户手册来解决问题。它能帮助你了解问题，并找到解决的方法，或者当你对行动方向真的存有疑问时，让你更加明了该问题的类型，并重新调整你的方法。
- **培养解决问题的能力**：解决问题是有抱负的精益组织 DNA 中最本质的部分。这是一条根本性的精益原则——任何层级上的任何人都应该能够对工作进行批判性的思考，解决岗位中的问题。所有技术密集型的企业都需要随着时间的推进，不断对其核心技术进行实践并打磨。对解决问题的能力而言，这同样适用。
- **加速改善**：我们希望本书能够有助于加速你的改善之旅。这才是其意义所在，对吧？从任何一种现状起步而到达改善状态的过程，都是一段变革之旅。问题总会出现，而我们的职责就是有效且富有成果地解决问题，为我们的客户创造更好的增值流程。

本书的主要内容

本书的内容和观点多源于丰田汽车公司——一家已经真正将解决问题作为企业 DNA 核心的公司。在丰田公司工作足够久的员工，最终都会学到本书中的内在思维和大多数的方法。我们会重点标记出重要的基础思维和方法、必备的特别技巧，以及超出基础范围的一些技能。企业解决问题的根基，其实在丰田公司成立之前就已经形成了。历史上有很多种类型的问题解决方法，它们一直在持续地为现代问题的解决做出贡献。

这次带领你对问题解决进行深入探索的是阿特·斯莫利先生。斯莫利于1988年加入丰田公司在日本丰田市的上乡发动机工厂，从那时起，他就全身心地投入到错综复杂的问题解决中。大野耐一曾经担任上乡发动机工厂的厂长，也正是在那里，大野耐一进行了很多的著名试验，从而使丰田生产系统得以发展。阿特当时直接向原田智雄先生学习解决问题的方法。原田先生所主导的设备维护活动创建了"稳定性"，使大野耐一在"流动"方面的创新能够获得大范围的成功。没有基础的稳定性，就没有准时制生产；问题没有被解决，也就没有基础的稳定性。也是原田先生，第一个问了斯莫利这一宿命般的问题："你想解决什么问题？"

斯莫利关于问题解决的学习生涯从此开始，包括给问题解决大师罗斯·斯卡菲德（Russ Scaffede）和加藤功当学徒，为桑迪亚国家实验室和唐纳利有限公司等客户提供咨询服务，以及与德沃德·索贝克（Durward Sobek）合著《A3思维：丰田PDCA管理系统的关键要素》，该书已经成为精益运动的重要资源。在本书中，斯莫利会提供问题解决的概念和主要想法，并拓展其宽度，提供处理问题时的战术工具。

问题解决的类型

我们所面对的很多问题可以通过四种类型的问题解决方式进行有效的处理（见图0-1）。有些本质要素对任何的问题解决行为来说都是通用的，如紧抓事实、确定方向、想办法了解因果关系。四种类型的问题解决方式能够使组织获得稳定性，维持其成果，并朝着目标和愿景稳步前进。

图 0-1　四种类型的问题解决方式

这四种类型是：

1. **故障排除**（troubleshooting）：通过将条件立即转变成已知标准或正常状态，从而快速（临时地）修正问题的反应性流程。

→ 发生爆胎时，更换轮胎。

2. **未达标准**（gap from standard）：根据现存的标准或条件，从根本原因层面解决问题。

→ 当发现每周都突然爆胎时，找出"为什么"。

3. **目标设定**（target condition）：为达成明确定义的未来状态，或者新的更高标准／状态，而排除障碍（比如，"改善"或持续改进）。

→ 受够了爆胎，决定换一个更好的轮胎。

4. **开放探讨**（open-ended）：开放地寻求某一种（可能的）愿景或者理想状态（新的产品、流程、服务或者系统）。

→ 何不让扁平轮胎也可以跑？

这四种类型并不是突然从某个不知名的角落里冒出来的：与物理定律类似，过去发展出来的许多问题解决概念已经被几十年的实践证实有效，并被融入更现代的问题解决方法中。更多地了解这些，能够帮助我们更好地了解和利用各种问题解决工具。

解决基础问题的基本步骤：四种类型中的两种，即未达标准（类型2）和目标设定（类型3）可以涵盖很多商业问题，并可以通过利用七八个通用的问题解决步骤进行处理。对于这两个类型，我们将更深入地探究其标准的问题解决路径，提供一些规定好的处理方法，并在你处理组织中的实际问题时帮助你完成每个步骤。

问题解决本身是否也是问题

问题是不是真的解决了？问题、阻碍、挑战或者机遇——不管你叫它什么，我们总能不断碰到它。有些问题是微不足道的，但也有一些是生死攸关的。有些问题很简单，其原因和方向都很明显；有一些却极度复杂，尤其是在当今联系日渐紧密的世界中，每件事都和其他事情有关系。想改变一件事，你就要改变相关事物。罗素•艾可夫（Russell Ackoff, 1979）教过我们如何在复杂系统中处理问题：

管理者碰到的不是相互独立的问题，相反，他们要面对的是由相互影响、不断变化的复杂问题所组成的动态环境。我将这类环境称为"混乱状态"。管理者不是解决问题，而是管理"混乱状态"。他们所需的技能是设计想要的未来状态，并为其实现而铺平道路。

罗素·艾可夫甚至提供了他自己的四种解决问题的方法，他的出发角度和我们这里所说的四种类型不同。他鼓励从弃解（absolution）、求解（resolution）、得解（solution）到化解（dissolution）的逐步升级——这是从忽略问题到预防问题的整体思路。艾可夫关于处理问题的四种方法可以被应用到四类问题的解决上。

让人更加困惑的是，现代的一些思想领袖，比如玛格丽特·魏特利（Margaret Wheatley）和大卫·库珀里德（David Cooperrider），认为从根本原因入手来解决问题的方法已经过时，在当今的复杂环境下，这样解决问题毫无价值——它会误导人们，并使大多数的问题进一步恶化。魏特利认为，大多数现代组织中盛行的扩张性文化促使成员朝着自我保护方向发展，人们无法团结起来并有效地利用集体的力量，这导致问题加剧。魏特利指出，"当今的组织在解决问题时存在严重的缺陷"。她认为，对于处理复杂情况的组织来说，谦逊、好奇和倾听的意愿是更有效地解决问题的关键。⊖

库珀里德提供了被称为"肯定式探询"（appreciative inquiry）的流程，用以应对这一现象。当今的问题不能简单地用传统的因果思维来解决，或者从消极角度来解决。与其回顾解决问题的历程，不如关注没有问题的地方并使其最优化。允许问题消失，因为它们将被积极的方面稳定地取代。

⊖ Wheatley, Margaret and Geoff Crinean, "Solving, not Attacking, Complex Problems" on margaretwheatley.com, 2004.

我们非常珍视这样的观点，它让我们看到传统根本原因式的问题解决技术的局限性。相比于二者只取其一，兼容并蓄不是更重要吗？不正是这样的环境才需要我们采用多样性的方法吗？毕竟"一种方法"不见得能"适用于所有问题"。大卫·斯诺登（David Snowden）在他的 CYNIFN 框架中提出了一个强有力的观点：世界以完全不同的方式向我们走来，而这需要不同类型的回应。"即刻修好"式的旧方法，与处理复杂情况的高精尖方法，皆有一席之地。我们不解决问题，我们处理问题——有时是去管理问题，有时是去解决问题。我们的应对策略总是会创造一个新情境，对新情境本身又需要新的评估和应对策略。

我们认为四种类型的问题解决框架非常有用，尤其是在艾可夫和其他人深刻观察的前提下。斯莫利先生将展示"旧式的"因果思维是如何被确定仍然有用的，即使在复杂环境下它仍然有其用武之地。当人们期望，简单的、根本原因式的问题解决方法能够有效消除社会技术类问题或政治混乱问题时，这不过是一种误导。

为了更好地探索在复杂和不确定环境下处理问题时的挑战，斯莫利叫上了精益圈的两位思想领袖，德沃德·索贝克和马修·梅（Matthew May），这两位贡献了在高不确定性和复杂性的环境中有效应用精益思想的结构化方法。

在复杂和不确定的环境中保持不变，这需要为了理解而去观察，采取行动并关注行动的效果，然后不断地经历学习与进步的循环。有时（改善）循环的步骤清楚、结果明确、节奏轻快，而在其他情况下则可能需要足够的时间去攻坚，在取得突破性进展之前，人们还经常会陷入混乱。

如何使用本书

即使你已经有多年解决问题的经验，知道很多解决问题的方法，也请至少将本书从头到尾读一遍。我敢打赌，你能学到你之前不知道的东西，并且可能对熟悉的概念产生新的理解。最重要的是，请不要读完后就把它束之高阁，再也不闻不问。要时不时把它拿出来看看，尤其是在：

- **你卡住了且需要帮助时**。我们不可能总是把如何严谨地定义问题，或者如何贯彻分析根本原因的每个细节都轻松记住。你可以把本书当成在这样场合下的用户手册来参考。

- **你需要团队指南时**。留一本在团队办公室，或者任何要举行问题解决会议的项目区域。本书会提供给你和同事需反思和处理的问题。这可不是一本像罐头一样塞满了"问题解决方案"的书，除了你和你的团队之外，没人能解决你们的问题。

- **你需要辅导参考时**。尝试着用本书更有效地辅导和指导团队。在困难的问题情境下进行辅导工作，或者指导培养深层次的问题解决技能时，简单直接地问一些老生常谈的问题（哪怕是让人肃然起敬的"你要解决什么问题"）是不够的。

大师级的问题解决教练，就像好的运动教练或者武术指导一样：他们知道要做什么、怎么做，以及为什么要做这些活动，必要时能很轻松地阐明其中的诀窍。这样的辅导包括，根据实际情况，提出非常明确的问题，或者提供非常明确的技术层面和社交层面的深刻见解。这种导师和学员之间的互动是高度适配的，且依赖于学习者、环境，以及组织需要。有些人要指导其他人去解决问题，并且知道，处理大多数问题所需的技能培养起来费时费力（无论是问题指导还是问题解决，都不能以一种方法覆盖所有可能发生的状况），但不用担心，本书也会提供给你这方面的知识。

最重要的是，四种类型框架对管理者而言是一种自我反省结构，管理者可以用它来评估和了解他们组织的问题解决能力。我们真正讨论的是一种创造力，是一种让组织可以处理任何事物的能力，是扫除我们通往目标之路上的所有障碍的力量。事实上，问题永远不可能被真正"解决"，解决了一个问题，或者攻克了某一种情况下的难题，新建立的环境又会带来相应的挑战或一系列问题。⊖我们要一个个地处理这些问题，让组织具有更深层次的适应能力。确实，这样看来我们应该可以将这整个过程称为"问题处理"，而不是问题解决。

在与几百家公司互动后，美国精益企业研究所（Lean Enterprise Institute，LEI）发现，"问题解决"对任何一个精益组织都是意义重大的一部分。精益转型框架（Lean Transformation Framework，LTF）强调，处理问题是任何组织存在的基础性能力，各级员工问题解决能力的强弱是组织能否达成目的的关键。这一目的是任何企业在建立之初就实际存在的，影响着组织里每个层级将要采取的每个行动。

精益转型框架建议你思考如下几个问题：

1. 你的目的是什么，你要解决什么问题？
2. 你要做的工作是什么，以及如何对其进行改善？
3. 你需要哪些能力？你将如何获得或者培养这样的能力？

⊖ "Countermeasures vs. Solutions，" page 65, *Managing To Learn*.

4. 你需要什么样的管理系统（运营系统与领导行为）？

5. 企业现在和未来的基本思维方式，及背后的基本假设和理念是什么？

上述第一个问题直接涉及最基础的问题，它本质上与克里斯坦森的"待完成的工作"（job to be done）理论相反。随后的每个问题都是企业在不断深入地探索自身要解决的问题。正是通过处理这些精益转型框架的问题，企业才得以生存和发展。

通过本书，LEI 也在处理自身的一个基本问题——为了使组织和个人在解决问题的过程中更好地发展，如何对其提供支持。LEI 的问题解决流程包括最终使用者的反馈回路，有助于让人们知道措施的有效性，以及具体工具是如何被应用的。同样，我们希望知道你是如何运用本书的，也希望了解我们对自身问题解决得怎样。

约翰·舒克

马萨诸塞州剑桥市

2018 年 8 月

说自己没问题的人，
他的问题才是最多的。

——大野耐一

导论

四种类型的问题解决方式如下。

类型 1：故障排除——反应式问题解决方式，对即时症状做出快速反应，提供救助，缓解即时问题，但无法触及真正原因，导致组织进入持续的救火式循环。

类型 2：未达标准——结构化问题解决方式，聚集于问题定义、目标设定、根本原因分析、应对策略、常规检查、制定标准，以及跟进后续活动。该方式旨在通过消除问题的潜在因素，防止问题重复发生。

类型 3：目标设定——对现有的稳定流程和价值流进行持续改进，力求系统化地消除浪费、过载、失衡或其他问题，从而为达成目标状态提供更高的价值或更优的绩效。

类型 4：开放探讨——创新性问题解决方式，主要基于创造性、综合性，以及对机遇的把握。该方式旨在识别新的问题、解决方案或机会，以实现根本性改善，从而为客户提供远超于现有水平的全新产品、流程、系统或价值。

组织可以通过这四种类型的问题解决方式，有效地理解所面临的问题。有些本质要素对任何问题解决活动都是通用的，比如，紧抓事实，确定方向，想办法了解因果关系，采取有目的的行动去实施已知的应对策略，或者通过试验来学习。这四种方法对应的能力使组织能够获得稳定性，维持其成果，并稳步地朝着目标和愿景前进。每种类型方式的使用，都要基于情境逻辑和明确的需求（见图 0-2）。

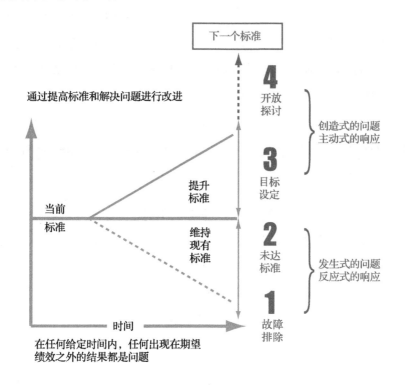

图 0-2　四种类型框架的使用逻辑

许多组织将问题分为两种基本类型：发生式的问题 / 反应式的响应 vs. 创造式的问题 / 主动式的响应。

本书将进一步分解问题，使有效处理任何问题情境所需的能力和系统类别更加清晰明了。

　　最好的技术与方法都取决于问题情境。例如，在一个职业高尔夫球手的包里最多允许有 14 根球杆。球手不仅需要学习如何使用这 14 根球杆，还要学习如何在不同的情况下打好每一杆球。有些情况下，从右向左的飞行路径比较好，另外一些情况下则要从左向右；有些情况下要打得高一点，有些情况下则要打得低一些；有时晴天，也有时刮风下雨。职业高尔夫球手要知道如何在不同情况下使用不同的球杆打出不同的球。对解决问题来说，也是同样的道理。

通过大野耐一"五个为什么"的故事，阐述四种类型的问题解决方式

我们把四种类型的问题解决方式拆解为不同的能力，但这四种方式仅仅是我们用来看待问题的透镜。时间、资源、紧迫性、必要性和优先级，通常都要求我们做出适当的回应。有些问题应用故障排除的方法就足够了，然后我们就可以转而关注更大的问题，另外一些问题则需要应用另外几种方式。随着时间的推移，我们需要应用所有类型的方式去解决某些特定问题。在任何情况下，这四个方面的能力都很强大的组织将享有适应力和竞争力方面的优势。

问题背景与起源

为了说明这一点，让我们一起看看大野耐一"五个为什么"的著名案例，以及在丰田上乡发动机工厂为大野耐一工作的工程师原田智雄的个人经历。这个案例通常被用来阐述如何为了解决问题而对其根本原因进行思考。

故事原本是这样的，发动机工厂里有一台机床罢工了，延误了整条生

产线。基本概念就是，当异常情况发生的时候，我们要深度挖掘原因，一直挖掘到可以防止它再次发生的程度。这种思维模式要求我们坚持不懈地调查和思考。

情境：一台机床罢工了，延误生产。

1. 机床为什么罢工？

   因为机床超负荷，烧断了控制面板里的保险丝。

2. 为什么会发生超负荷的情况？

   因为对轴承的润滑不充足。

3. 为什么对轴承的润滑会不充足？

   因为泵所提供的润滑不足。

4. 为什么泵所提供的润滑会不足？

   因为泵轴有磨损，咔嗒地响。

5. 泵轴为什么有磨损？

   因为润滑装置入口没有过滤器，小金属切削屑进入润滑系统，进而造成泵轴磨损。

应对策略

为了防止问题再次发生，在润滑装置进口处加装一个过滤器，这样简单的行动就能有效地防止这个问题再次发生。在"类型 2：未达标准"问题解决方式中，"五个为什么"的故事是非常好的原因分析案例。接下来，让我们对应四类问题解决方式，来思考这个案例。实际上，丰田多年来用了很多不同的方法来解决切削屑堆积的问题。

类型 1：故障排除

切削屑堆积是任意典型机加工流程的自然现象。切刀切入金属工件，物理加工上产生的切削屑必须恰当地处理，以使其与工件、机器分离。做得不好就会产生一系列的问题，比如安全问题、机器停机问题，以及产品尺寸方面的质量问题。

丰田早期，在机加工操作中的切削屑堆积是一个大问题。大到什么程度呢？它持续地出现在每小时都要更新的"计划 vs. 实际"生产管理表上。这代表了一个在大野耐一机加工车间里常见的类型 1 问题解决方式的历史案例。每小时实际生产量总是比计划生产量少几件，原因经常是"切削屑堆积"，而且它会导致计划外的清洁工作和机器停机。

很多情况下，应对策略是在每个班次的开始、中间以及结束的时候，利用各种工具（比如刷子、小耙子、手动鼓风机，以及额外的冷却液）清理机器。标准作业程序（SOP）和工作指导（JI）培训中也对此进行了反复强调，但是这对问题的解决效果实在有限。清洁程序对即时需求而言是有效的，但不能阻止问题的重复发生，车间需要有更好的做法来找到问题背后的真正原因，预防它所引发的浪费。

类型 2：未达标准

针对"切削屑堆积和污染问题反复发生"这一状况，公司对主管、工程

1

故障排除

反应式问题解决方式，对即时症状做出快速反应，提供救助，缓解即时问题，但无法触及真正原因，导致组织进入持续的救火式循环。

师和经理进行培训，使他们学习以一种不同的且根本性的方式来思考问题——类型 2 问题解决方式。

大野耐一、丰田英二等人开始要求员工更加彻底地找到在机加工环节的安全、停机和质量问题方面的根本原因。在 20 世纪 60 年代，他们强调"五个为什么"与结构化的问题解决培训、执行。简单的每日清洁、期望设定、沟通和培训，已经不再够用了。

丰田通过对根本原因的强调，以防止问题再次出现为目标，一台机器接着一台机器地处理，一个问题接着一个问题地解决。停机时间、质量问题和其他异常的根本原因被更加彻底地考量。简单地增加过滤网的行动能解决一个特定问题，但是其他问题却需要完全不同的解决方案。

类型 3：目标设定

常规的类型 1 与类型 2 的问题解决方式从狭义上解决了大部分的切削屑问题：在大多数情况下，不再有"未达标准"类问题需要解决，单台设备和生产线的绩效每天都已达到目标。但结构化的类型 2 问题解决方式，其带有

未达标准

结构化问题解决方式，聚焦于问题定义、目标设定、根本原因分析、应对策略、常规检查、制定标准，以及后续跟进活动。该方式旨在通过消除问题的潜在因素，防止问题重复发生。

目标设定

对现有的稳定流程和价值流进行持续改进，力求系统地消除浪费、过载、失衡或其他问题，从而为达成目标状态提供更高的价值或更优的绩效。

收敛性思维模式的根本原因分析并不是研究问题的唯一方式。

丰田年度改善的标尺又高了一点，要求更高的绩效。类型3问题解决方式就变得既必要，又可取。目标设定的改善包括流动原则、节拍时间、内建质量、安全、可靠性，以及精神层面（态度）的挑战。例如，人们期望目标状态达到百分之百的安全、百分之百的质量合格、百分之百的正常运行时间，以及更短的前置期（lead time）。清扫切削屑的行为既是一种浪费，也是对操作者的不尊重。

管理层和工程人员从"该流程在理想状态下应该如何"的角度来看待切削屑问题。即使在当今的机加工技术条件下，我们已解决了切削屑问题，但仍可以思考：切削屑的理想尺寸（比如，越小越好），切削屑是如何形成的、如何离开工件的，机器是如何被防护的，以及操作者是被怎样保护的。

标准线的上升，使丰田机加工车间内部开始了多年的试错，并不断提出改善建议。通过强调使用更合适的工具，更好地形成更小的切削屑，车间在机器的喂料和速度的控制改进方面取得了一些成效；冷却液、喷嘴压力、喷嘴位置、喷嘴角度等方面的改进有助于解决问题。调整机器内部底板的角度和夹具部分，可以让切削屑更有效地溜走，大大降低了清扫的需要；液压油、冷却液和润滑液的箱子也被密封得更好；机器防护、安全开关和防护门的改进，则使得安全水平得到提升。

应用类型2问题解决方式，通过在外部的水箱上加装过滤器，在机器外部得以解决最初的切削屑问题。在随后的几十年里，丰田通过管理切削屑在机器内部的实际形成点，问题得到了更好的解决，丰田通常称之为"切削点管理"或者"加工点管理"。这一管理过程包括对刀具的设置和清洁，刀架的清洁、设置和确认，以及加工程序的一些特殊规定（比如切削程序的标准化工作）。

"切削点管理"属于类型3目标设定改进方面的案例。相比之下，纵观整个价值流的研究就是一个更加广泛的、横向扩展的例子了。问题思考的焦点在"应该是何种状态"上。这种更具有挑战性的思考并不在于把切削屑从机器里清扫出来，相反，在更加基础的层面上，考虑如何在发生的源头进行内部控制，才是有效的解决方案。这是改善和发散性创新思维的经典例子。

类型4：开放探讨

通常我们会将创新与产品研发联系起来，但是服务、商业或者运营的任何领域，都能被创新和改进。大野耐一"五个为什么"的故事被用作类型2根本原因分析的例子，但是真实的故事并没有止步于此。几十年来，丰田一直在利用创新式思维方法进一步改进机加工车间的切削屑管理。传感技术、工业清洗机和流程技术，这些技术并不是丰田发明的，但丰田根据实际情况和需要，把这些技术应用到了切削屑管理上。

开放探讨

创新性问题解决方式，主要基于创造性、综合性，以及对机遇的把握。该方式旨在识别新的问题、解决方案或机会，以实现根本性改善，从而为客户提供远超于现有水平的全新产品、流程、系统或价值。

传感技术

著名的"自动化"概念，可以追溯到100年前的丰田织布机业务时期。丰田每一代的设备都会应用更多传感技术，以提高安全性、内建质量和防止设备故障停机。当今的传感器和激光可以检查半成品的尺寸精度，也可以检查工具和关键部件表面的清洁度。在"自动化"的理念中，问题或者异常情况在机器进行有规律的循环工作之前就要被重点标识出来。

工业清洗机

不管多认真地管理切削屑，始终还会有些粘在工件上，在把工件装配到精密的发动机前，人们一定要利用工业清洗机移除这些切削屑。每个制造型企业都可能会面对类似问题。和大多数公司一样，丰田几十年来得出的经验是利用内部装有压力喷头和移动传送带的工业清洗设备（非常像自动洗车系统）。更新设备时，清洗机会变得更大、更贵、更难维护，并且更难保持清洁力。

有一天，一个员工质疑了整个系统的设计。利用工件外部的高压喷头向工件内部喷射（把切削屑推向内部）的做法，总让他觉得不对劲。如果利用机械手臂把工件浸入水槽中，在其附近进行搅动会怎样？这样的流程岂不更好、更简单？做了几次测试之后，结果证明多次浸入水槽并搅动的解决方案在工件表面碎屑的清洗上是非常实用的。成本、难易度、操作、工件、能耗、柔性以及其他所有的维度，都被考虑在内了。

流程技术

20世纪60年代中期，丰田终于引入连续自动工作机床技术，该技术在西方已经被广泛应用在大批量生产线上。相比于在生产上利用上百个小机器，每个机器都有自己的切削屑管理系统（冷却液流、气喷、水箱、泵、操作系统等），连续自动工作机床技术应用了更大的组合系统，以取得更好的效果。这样就大大降低了需要在现场进行排序和管理的系统数量，并把这些工作负荷（事实上，也是浪费）集中到一个中央位置，以便更好地管理。它简化了为控制切削屑而进行的"浪费管理"任务。

注：丰田在附属公司和内部机构中，比如丰田工机株式会社（现在是 J-Tekt 公司的一个部门）和"贞宝工机厂"，建造自己的连续自动工作机床。这样的实践，包括将设备标准完全文件化，使得丰田能够在解决问题的过程中积累自己的最佳实践经验和知识。

总结

大野耐一"五个为什么"的故事是一个实际发生的例子，它告诉我们，为了找到问题的根本原因，我们需要进行多么深入的挖掘。对现代受众而言，重点是要了解这个故事其实只向我们展示了思考问题的一种方式。随着时间的推移，你会经常需要从许多不同的角度去思考问题，甚至思考一种全新的解决方案，见图 0-3。试想四种类型的问题解决方式要如何应用在你所面临的、反复出现的某个问题上？

图 0-3 思考四种类型的问题解决方式

- **类型 1：日常清扫和故障排除**立刻就会起作用，通常被用于解决每小时或每日出现的问题，但是不能避免问题的重复出现。

- **类型 2：使用过滤器**在更基础的层面上强调根本原因。这一类型的解决方式努力解决的是更加顽固的问题，并且阻止其再次发生。这种方式依赖于利用收敛性思维模式，去深入思考现状流程中的实际因果关系。

- **类型 3：切削点管理**是一种更加创新的问题解决方法，以发散性和开放式的思维方法为引导。这种方式的核心包括，一些为在更基础层面阻止或消除问题而做的理想状态假设，比如让切削屑在源头方面更好地成型，或者在现有流程中实施一些超越当前水平的其他类型的递进式改善。

- **类型 4：新设备**（新流程、产品、技术或者系统）建立在类型 3 目标设定的思考之上。这要给还未被完全理解的新解决方案预留空间，并要求我们对全新的想法有试验的欲望。

第1章 现代问题解决方式的崛起

四类问题解决方式的框架，包含了丰富的问题解决实践历史，尤其是在当前行业的大背景下。我们这里所说的行业，泛指制造业、服务业、医疗、科学、农业、军工和其他领域。

为了了解今天和创造明天，我们很有必要回顾一下昨天。问题解决作为一种在组织背景下执行明确步骤的方法论式的流程，主要是 20 世纪的事。每个人都会进行问题解决的实践，而严格的科学方法（比如，用于反证的假设）可能只适用于在某些特定情况下的专家领域。接下来我们就概览一下现代问题解决方式的历史影响，这也是本书所涉及的框架和方法的基础（见图 1-1）。

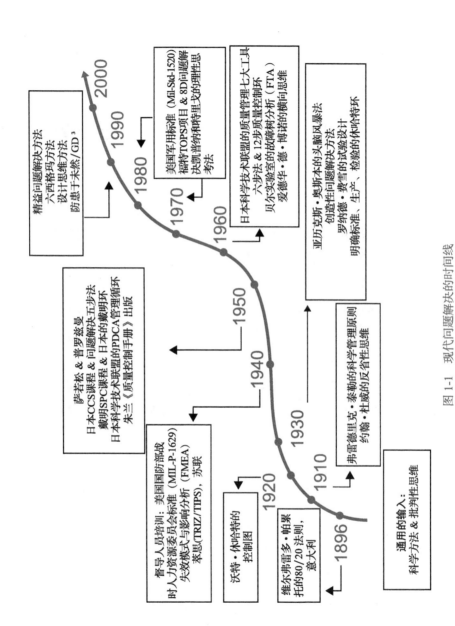

图 1-1　现代问题解决的时间线

源自科学方法

现代问题解决方式主要脱胎于科学方法：观察、假设、试验、测量、分析、批判性思维等。在含义和实践上，相比于严格的科学方法，本书所展示的现代问题解决方式存在一些不同和扩展之处。

反省性思维

哲学家、教育改革家约翰·杜威（John Dewey）和精益思想并没有典型关联。杜威活跃于19世纪末和20世纪前半期的哲学、心理学和教育领域，也是"做中学"（learn by doing）和反省性思维（reflective thinking）的坚定倡导者。在1910年的《我们如何思维》（*How We Think*）一书中，他倡导一种特别的问题解决模式。当今的大多数问题解决方法都要归功于杜威的方法。他的反省性思维顺序的现代解释是：

1. 定义问题。
2. 分析问题。
3. 提出多个解决方案。
4. 评估解决方案。
5. 选择一个解决方案。

杜威的原始词句已经随着时间的推移而发生了变化，但是这个清单仍然能反映他所倡导的基本思维模式的要素。他的研究曾经是，并且仍然是极具影响力的。让我们来看看杜威的以下观点，看看这些观点在学习和问题解决上与当今关键的精益概念有多么一致：

- 我们只在面对问题的时候才思考。
- 我们通过基于经验的反思来学习。
- 定义明确的问题已经被解决了一半。
- 一个目标的达成是另一个目标的开始。
- 失败是有教育意义的——真正思考的人从失败中学到的和从成功中学到的一样多。
- 思维是需要训练的。

休哈特控制图

1924 年，物理学博士沃特·休哈特（Walter Shewhart）为西部电气公司开发了一种检验工具，现在大家通常称其为"过程控制图"（process control chart，见图 1-2）。他试图跳出困扰公司的依靠经验法则和主观判断的质量控制。休哈特所设计的控制图在定量质控和问题解决领域取得了非常重大的进步，可以说这是质量改进和减少偏差方法论的现代统计程序的基石。

过程控制图测量和描述了过程是如何随时间变化的。利用基础统计学，该图可以被用于建立所测量特性的控制上下限、计算相对受控程度，以及识别特别原因与普通原因。

过程控制图因其复杂性而普及得较慢，但最终被全球公认为质量管理七大工具之一，继而声名大噪。许多现代问题解决方法的诞生，比如六西格玛，都要归功于这一特殊概念。

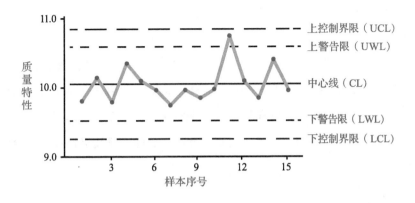

图 1-2　过程控制图

除过程控制图外，1939 年，休哈特完成了《质量控制中的统计方法》一书，在书中他构造了一个用于改进质量的模型，提出三个主要阶段：

1. 标准。
2. 生产。
3. 检验。

这就是我们所知的休哈特环。休哈特环其实只是一个笼统的框架流程，而不是一种非常详尽的步骤式的具体方法。刚开始的时候，该模型被描绘成一条直线，后来经过人们的反思与应用，它被改成环形描述，用以强调学习和重复循环的重要性。

五步法问题解决模型

日本在第二次世界大战战败后的 1945~1952 年是被美国占领和管制的。

麦克阿瑟将军所领导的美国军队展开了广泛的军事、政治、经济和社会改革。在此期间，各种管理课程和不同形式的支援流入日本。

"工业管理基础"是具有重大历史意义的课程，却经常被人们所遗忘。这门课程由霍默·萨若松（Homer M. Sarasohn）和查尔斯·普罗兹曼（Charle A. Protzman）开发和教授。⊖ 课程中包括一个基础的五步法问题解决模型。作为一种结构化工业问题的方法，这些步骤被整合传授给企业高管：

1. 清楚地定义问题。
2. 收集所有事实。
3. 分析事实以确定行动计划。
4. 带着对结果的预期，有效实施行动计划。
5. 在过程中监督计划，及时调整。

爱德华·戴明

20世纪50年代初期，日本科学技术联盟（JUSE）邀请休哈特的门徒戴明（W. Edwards Deming）去日本接替萨若松的工作，继续教授统计学在质量管理上的应用课程。⊖

作为培训和课程的一部分，戴明修改了休哈特的三步循环，将其变成四步流程——现在被称为"戴明环"（见图1-3）。这四步法包括：

⊖ Charles A. Protzman and Homer M. Sarasohn, "*Fundamentals of Industrial Management，*" Civil Communications Section，1949.

⊖ The W. Edwards Deming Institute.

1. 设计产品，并进行恰当的测试。

2. 在生产中和实验室里制造和测试产品。

3. 销售产品。

4. 通过服务测试产品，进行市场调研，进而了解使用者的想法，并找到非使用者没有购买产品的原因。

图 1-3　戴明环

这是一种持续循环，根据客户对质量和价格的反应重新设计产品。

　　JUSE 将戴明（和其他人）的这些强调学习欲望和改善必要性的教学要点编撰成册。JUSE 十分有影响力，1946 年的组织者是石川一郎，然后由他的儿子、东京大学的工程学教授石川馨接手。日本的大公司大多和 JUSE 有联系，因而许多问题解决、质量控制和改善方法就被有效地传播出去了。

　　在 1951 年，JUSE 创造了戴明环的另一个更具扩展性的形式，即现今大家所知的"计划—执行—检查—行动"循环，或者叫"PDCA"循环（见图 1-4）。这一更加抽象的模型优势是，它可以被应用在任何组织、任何职能领域、任何问题上（无论大小）。问题也就不再仅仅关乎于产品、研发、生产、销售和调研了。

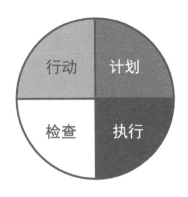

图 1-4　日本 PDCA 循环

戴明多年后坦言，他并不知道所谓的"戴明环"PDCA 版本起源于哪里。刚开始他还以为这是早期"戴明环"的"误传版"。不久后，他就建议对其进行修改，并将其称为"计划—执行—学习—行动"（PDSA）循环。[⊖] 不管他怎么反对，PDCA 循环还是开始流行起来了。如今，无论在精益活动之中或之外，PDCA 循环都已经是戴明环改进版的主要形式了。

约瑟夫·朱兰

约瑟夫·朱兰（Joseph M. Juran）在美国芝加哥西部电气公司所属的霍桑工厂工作，巧的是，在那里，他也跟随休哈特学习。朱兰在第二次世界大战后离

⊖　Moen，R.，Nolan，T.，and Provost，L.，*Improving Quality through Planned Experimentation*. McGraw-Hill，New York，NY，1991.

开了西部电气公司，开始了自己长达 60 多年的研究、讲演、咨询和出版生涯。

休哈特、戴明和朱兰，通常被认为是质量改进活动的三个关键人物。朱兰对质量管理在系统层面的影响是非常巨大的。他里程碑式的成就之一，就是在 1951 年著成《质量控制手册》（*Quality Control Handbook*）。因为这本影响深远的巨著，1954 年 JUSE 邀请朱兰访问日本。

在朱兰对质量控制概念不计其数的贡献之中，朱兰质量三部曲（quality trilogy）显然占据了一席之地。朱兰质量三部曲对质量计划、质量控制和质量改进有同等程度的重视（见图 1-5）。

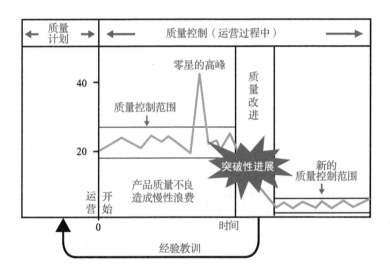

图 1-5　朱兰质量三部曲®

资料来源：*The Juran Trilogy Model*，Juran Institute，Inc.

朱兰另一个广为人知的贡献，是所谓的"帕累托原则"。帕累托原则或"80／20法则"的根源，可以追溯到20世纪30年代晚期朱兰为研究通用汽车公司而做的调查。他发现，该公司有80%的薪资付给20%的人员（更明确地说，是管理层），因此，减少计时工的人数对整体薪资支出并没有很大的影响。朱兰注意到，在质量问题中也有类似现象，这促使他进一步研究这个课题。他通过调查得知，意大利的经济学者和工程师维尔弗雷多·帕累托已经发现，意大利80%的土地被20%的人口所拥有，巧合的是，他家花园里20%的豌豆植株贡献了80%的产出。这样来看，80／20法则是广泛适用的。朱兰也把这个发现冠以"帕累托原则"之名，以此向这个意大利人表达敬意（见图1-6）。

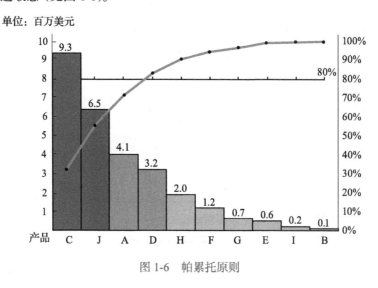

图 1-6　帕累托原则

朱兰还援引"重要的少数取代微不足道的多数"来解释 80／20 概念在区分重点领域时的重要性。在问题解决中，为了使影响最大化，通常非常有必要去分析，并根据问题实例出现的频率进行优先排序。组织一旦合理地确定了顺序，就可以做出量化决策，确定在哪个领域寻求最大的影响。当然，除了发生频率之外，其他的一些因素（比如成本、困难程度、时间、需求等）也需要被列入分析范围。80 / 20 法则作为优先级排序的起点，在很多领域都是非常重要的。

督导人员培训

第二次世界大战时期，美国工业成功的一个关键要素，是教给督导人员和经理的"督导人员培训"（training within industry，TWI），又称"一线主管技能培训"。TWI 课程在战后被传播到日本，它强调 5 个关键需求：

1. 工作的知识。
2. 职责的知识。
3. 指导的技巧。
4. 领导的技巧。
5. 方法改进的技巧。

该技能培训课程以"3J课程"被大家所熟知，3J课程（见图 1-7）是指工作教导、工作关系、工作方法。

尽管没有明确地贴上问题解决的标签，但 3J 课程对日本公司产生了广泛的影响，尤其是在他们最初进行基于结构化方法的改进方面，比如，合适的培训就是在第一时间避免问题发生的一种方法。

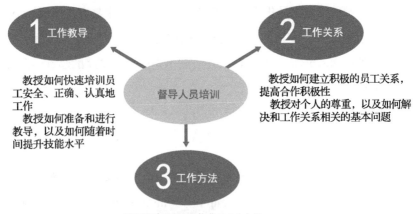

図 1-7　TWI 的 3J 课程

一门没那么知名的课程——**TWI 问题解决**于 1955 年被开发出来。虽然不像 3J 课程那样流传广泛，但这门课仍然在 TWI 的框架下提纲挈领地提出了四大基本步骤，来帮助企业培训人员、改善工作方法，并以结构化的方法解决问题，具体如下：

1. 隔离问题。

2. 准备解决方案。

3. 改正问题。

4. 检查与评估结果。

质量管理七大工具

JUSE 的石川馨教授和其他成员起初编撰和构建的很多理论，成为我们现在认为的日本式问题解决方法的主要部分。著名的质量管理七大工具就是由石川馨及其同事共同整理和定义出来的⊖，具体如下：

- 因果关系图（Ishikawa diagram，也被称为石川图、鱼骨图）
- 检查表
- 控制图
- 流程图
- 帕累托图
- 直方图
- 散点图

因为时间、作者和译者的不同，上述清单的不同版本之间会有一些细微差别。据石川馨说，"质量管理七大工具"这一名词是以日本 12 世纪著名武僧武藏坊弁庆的七件武器命名的。

石川馨说："弁庆用他所拥有的七件武器战无不胜。相似的是，如果你恰当地使用质量管理七大工具，你会发现你所面临的 95% 的问题都能够被解决。"

理性流程技术

查尔斯·凯普纳（Charles Kepner）和本杰明·特里戈（Benjamin Tregoe）曾是兰德（RAND）公司的研究员，在 1958 年建立 Kepner-Tregoe 股份有限公司，他们在其书《理性经理人》和《新理性经理人》中，首次提出"理性流

⊖ Kaoru Ishikawa, *What Is Total Quality Control*, JUSE Press, 1981.

程技术"（Rational Process Techniques ™ aka Kepner-Tregoe，见图 1-8）。

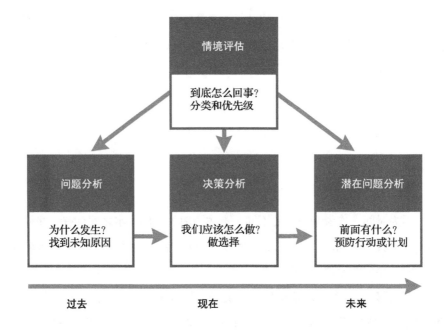

图 1-8 理性流程技术

　　这种技术展示了不同类型的情境评估、问题分析、决策分析和潜在问题分析，实际上是解决不同类型问题的不同方法。理性流程技术从问题识别和情境评估开始，然后基于时间和类型进一步进行问题分类：

- 对过去的问题，从其原因入手，分析问题为什么发生。
- 对当前的问题，做决策和选择。
- 对未来的问题，包括未知事件，分析潜在问题。

问题解决六步法

通过"工业管理基础"课程、戴明的统计过程控制讲座、朱兰的质量管理讲座，以及石川馨和 JUSE 其他成员的努力编撰，五步法问题解决流程被传入日本，进而才有了我们现在熟悉的在精益活动中使用的各种现代问题解决方法。

这也鞭策了业界进行内部适应性调整。例如，不同类型的"六步法"开始出现，尤其是在 20 世纪 60 年代早期的日本；为了加强车间质量控制而建立的更细致的 12 步质量控制环，也是在这个时候出现的（见图 1-9）。这些方法与其他的问题解决工具、质量改进工具，在日本很多不同公司的成功，让它们最终走出日本，并被大家所接受。

20 世纪 60 年代通用的问题解决模型	
六步法	**12 步质量控制环**
1. 定义问题	1. 识别工作问题
2. 确定目标	2. 选择明确问题
3. 识别根本原因	3. 定义问题细节
4. 实施应对策略	4. 分析问题细节
5. 检查结果	5. 识别原因
6. 跟进和标准化	6. 识别根本原因
	7. 原因的数据分析
	8. 开发解决方案
	9. 试验性实施和结果
	10. 常规实施
	11. 确定结果
	12. 跟进和回顾

图 1-9　20 世纪 60 年代通用的问题解决模型

试验设计

罗纳德·费雪（Ronald A. Fisher）的贡献始于对 20 世纪二三十年代农业问题的解决。在其 1935 年的《试验设计》（*Deign of Experiments*）中，费雪展示了如何在带有自然波动影响的试验中高效地得出有意义的结论，比如温度、土壤环境、降雨，以及被他称为"扰攘变量"（nuisance variable）的因素。试验设计方法最终在 20 世纪 40 年代被应用于军事和工业，20 世纪五六十年代开始被应用在与航空和流程相关的行业中。

试验设计（DOE）使用了高等数学，它允许一次试验测试多个变量（MVAT）。传统方法通常一次只能测试一个变量（OVAT），虽然它更简单，但是通常也没那么有效。DOE 的主要应用包括对多个因素之间相互作用的探索、流程最优化和产品设计。

改善

20 世纪六七十年代，问题解决在日本蓬勃发展。概念"改善"（Kaizen）开始出现，字面意思就是"为了更好而改变"，它通常被视为一种持续性改进的渐进式方法。不同于"结构化的问题解决方式"，改善关注的是："如何改进现有标准或状态？"

即使现状本身没有问题，我们也总是可以挑剔地审视任何一种类型的流程，并寻找改进的方法。改善没有被根本原因的分析方式所束缚，改善更加开放，思维更加发散。改善使我们简单地观察流程，并思考如何改进，通过改变任何一个或多个特点来全面改进或者达成目标状态。改善可以被用于解决安全、质量、成本、生产率、交付、士气等问题。

今井正明在他影响深远的著作《改善》一书中指出，维持现有标准、改善、突破性改善在概念层面的区别（见图1-10）。这体现出一种微妙但关键的思维差异。改善和突破性改善使人以创造性的眼光面向未来，去考虑"假如……会怎样"或者"可能是什么"。本书中类型1和类型2的问题解决方式符合今井正明的第一级分类，即维持现有标准。

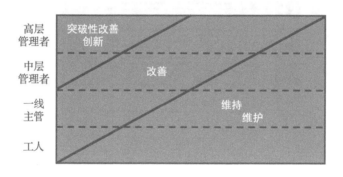

图 1-10　维持现有标准—改善—突破性改善

8D

另一个重要的方法是8D（或者"八步骤"）。8D的起源可以追溯到被称为"不合格品的纠正行动和处理系统"的美国军用标准（Mil-Std-1520）。该标准由福特汽车公司在20世纪80年代中期重新编写，并命名为"团队导向的问题解决"（team-oriented problem solving，TOPS）。

到了 20 世纪 90 年代，它才变成更广为人知的 8D。如今使用的 8D 问题解决流程有很多不同版本，通常都会遵循如下步骤（见图 1-11）。

1D	团队建立
2D	问题描述
3D	临时性应对措施
4D	根本原因分析
5D	实施纠正措施
6D	验证纠正措施
7D	定义和实施预防性措施
8D	对团队和个人表达认可

图 1-11　8D

六西格玛

在 20 世纪 90 年代，一种被称为"六西格玛问题解决"或者 DMAIC 流程的问题解决方法盛行一时。六西格玛最初被视为一种问题解决规则，后演变为一种更为广泛的通用改进项目。DMAIC 流程（见图 1-12）的基本步骤是：

图 1-12　DMAIC 流程

1. **定义**问题、目标和客户需求。

2. 利用定量手段，**测量**流程绩效。

3. **分析**流程，以确定引发变化的因素。

4. 通过减少引发变化的因素，**改进**绩效。

5. **控制**关键项，维持改进后的绩效。

20 世纪 80 年代，美国摩托罗拉公司为了应对来自日本的竞争，率先提倡使用六西格玛。20 世纪 90 年代，在联合信号公司（Allied Signal）、通用电气公司和其他公司相继应用之后，六西格玛声名鹊起。DMAIC 流程的每个阶段都包括大量的改进工具，可供各企业按需使用。在六西格玛改进项目普及之前，其中大多数的工具就已经存在了几十年。

"六西格玛"这个词本身就和流程（过程、制程）的统计学分析有密切关联，这种关联可以被追溯到休哈特控制图的时代。生产制造能力能够利用西格玛标准差来描述，用以表示企业制造出的合格产品的百分比。一个六西格玛水平的流程意味着，它在生产某产品的某个特性时，统计意义上的期望是，有 99.99966% 的概率不会产生不良产品（仅有 3.4/1 000 000 的不良概率）。这里已经包含了"过程漂移"（process drift）的理论假设，不然，只需要 4.5 个西格玛就能达成该水平（见图 1-13）。

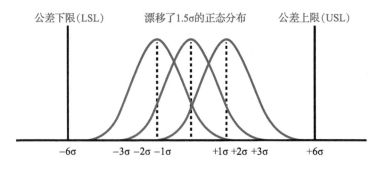

图 1-13　六西格玛问题解决的概念

资料来源：Forest W. Breyfogle II，*Integrated Enterprise Excellence*，Bridgeway Books，

Austin，TX，2008.

六西格玛项目把很多有用的概念和工具以一种便于管理的方式打包起来（比如，控制图、流程能力研究、趋势图、DOE、关键质量特性，以及便利的技能培训），这是它盛行的原因。通用电气公司对六西格玛的使用让问题解决在很多组织中与高层管理者建立了联系，并出现在他们的"雷达屏幕"上。现如今，大多数的六西格玛项目甚至不严格使用统计学方法。

A3

A3 是一种可以用来沟通信息和研究问题的工具，也是一种指导问题解决并使组织或团队达成一致的方法。20 世纪 60 年代丰田和普利司通（Bridgestone）这两家公司率先应用 A3。A3 的原型是品质管理圈（quality control circle）的故事板，大多用于问题解决活动和方针部署。

逐层展开的各级目标、改善计划和其他技术被总结到一张单页纸上（典型的 A3 纸或报纸大小），用于描述某项目的改善计划、概述某特定问题的解决方式、提供建议、回顾计划或者业务机会等（见表 1-1）。

表 1-1　A3 样例

1. 背景	5. 建议的应对策略
2. 现状或者问题定义	
3. 目标	6. 计划
4. 分析	7. 跟进

A3 的结构化模板体现了 PDCA 循环，迫使制作 A3 的问题解决者去观察现实、展示事实、建议合乎逻辑的达成预期目标的手段、提出把方法变成行动的计划，然后回顾流程、检查结果并根据需要调整。[一]A3 流程通过对结构化思维的支持，将问题解决过程标准化，在组织内部建立解决问题的共识，从而使员工能力得到培养和提高。A3 流程的不断使用能够培养具有批判性思维、做事条理清晰的问题解决者，因为 A3 流程鼓励进行严格的PDCA 循环。[二]

套路

近年来，"套路"（Kata）这个词已成为与流程优化和教练指导相关的精益流行词。在日本的语言、文化和武术中，这个词的起源非常多样。总的

[一] Durward K. Sobek II and Art Smalley，*Understanding A3 Thinking*，2008.

[二] John Shook，*Managing to Learn*，2008.

来说，这个词是指一种基本形式、方法，或者行为和行动的模式。迈克·鲁斯（Mike Rother）于 2009 年出版的书《丰田套路》（*Toyota Kata*）[⊖]让这个词变得非常流行。

该概念可以被用来解决问题、持续改善，以及建立解决问题或追求目标状态的习惯。鲁斯的改善套路通过四个基本步骤，将 PDCA 变成一种日常习惯：

- 确定目标或方向。
- 了解现状。
- 定义下一个目标状态。
- 通过快速、反复的 PDCA 循环来发现和克服阻碍，向目标迈进。

设计思维

创造性问题解决领域的一股新鲜血液来自设计思维（design thinking），这一概念出现于 20 世纪 70 年代。设计思维关注的是探索解决方案的新空间，而不只是重复已经被接受的老套路（见图 1-14）。这些问题解决者不仅会解决现有部件上的小缺陷，还试图设计新的、更好的方案，并为客户提供新的增值产品或服务。

⊖ 《丰田套路》的中译本已由机械工业出版社于 2017 年出版。——译者注

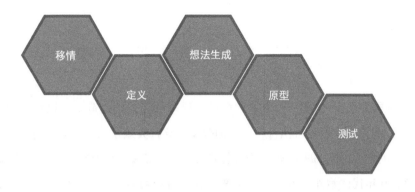

图 1-14 设计思维

资料来源：Hasso Plattner Institute of Design at Stanford（d. school），Stanford University.

我们总以为创造力和创新只适用于某些领域，比如广告、产品研发或者科学发明，但是工程、服务、医疗、制造以及其他业务领域都需要创造性思维。

以新的设计、流程、模型等为载体的创造性解决方案，总要依赖于创造性思维。

相比于关注揭示直接因果关系的分析技术，设计思维流程更加强调综合性和创造性。设计思维的实践者强调如下几个关键点：

- 通常在刚开始的时候，问题本身的定义并不严格。观察和移情在于研究客户实际上在做什么，从而了解自身要改进什么。
- 尽早、尽量频繁地快速建立原型，并让终端用户对新事物进行测试，是非常重要的。将终端用户的反馈进行整合，是整个过程中至关重要的一部分。失败是有价值的，就像"早失败、常失败"的道理一样，为了避免后面发生葬送整个业务的错误，从而这种来自现实世界的反馈至关重要。

失效模式与影响分析[⊖]

美国国防部（DOD）为采购和设计评审的需要，创造了"执行失效模式、影响和严重性分析执行程序"的分支。这种失效模式与影响分析的方法在 20 世纪 60 年代的美国国家航空航天局（NASA）和航空工业，以及 20 世纪 80 年代的汽车工业中盛行起来。这种方法通常被用于识别和评估产品或流程的潜在失效及其影响，识别能够消除或减少潜在失效发生概率的行动，并且努力降低失效所导致的后果的严重程度（见表 1-2）。

萃思[⊖]

问题解决技术"萃思"（theory of inventive problem solving），又称创新问题解决理论，是由苏联科幻作家兼发明家根里奇·阿奇舒勒（Genrich Altshuller）开发出来的。传统问题解决方法强调因果分析，以及为每个问题探索解决方案，而阿奇舒勒的方法分析了全球发明文献，寻找发明中的模式。萃思方法论并没有将每个新问题当成需要被单独解决的个体，而是将概念性的解决方案组合在一起，归入已经被发现和证实的门类中（见图 1-15）。

⊖ U.S. Military, "Procedures for Performing a Failure Mode, Effects and Criticality Analysis," 1949.

⊖ Genrich Altshuller, *And Suddenly the Inventor Appeared*, 1996.

表 1-2　失效模式与影响分析记录表

系统、产品、流程：　　　　　　　　责任人：　　　　　　　　日期：

描述	背景		评分				应对策略			结果			
潜在失效模式	潜在失效影响	根本原因	严重度	发生频度	探测度	风险顺序数	责任人	完成日期	行动	严重度	发生频度	探测度	风险顺序数

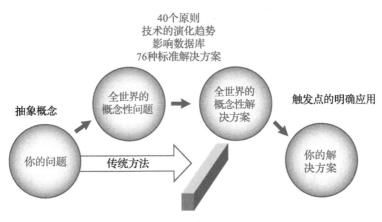

图 1-15　萃思方法论

防患于未然／ GD³

"防患于未然"是由丰田工程师吉村达彦结合他所创造的 GD³ 流程开发出来的。GD³（见图 1-16）的意思是在产品研发过程中好的设计（good design）、好的讨论（good discussion），以及好的解析（good dissection）。

GD³ 方法背后的基本概念是，特定类型的问题是可以在产品进入生产之前就被研究和定义的。传统的失效模式与影响分析就是这种路径的反映。在 GD³ 案例中，更深层次的分析和研究针对的是计划变化点（比如材料）、偶发变化点（比如环境）和交接变化点（比如任意区域）。通过历史研究定义出的这些最容易引发问题的区域，自然会在研发过程中被给予更多的关注。基于变化点的分析、基于失效模式的设计评审和基于测试结果的设计评审，GD³ 被用于梳理"未知的问题"。

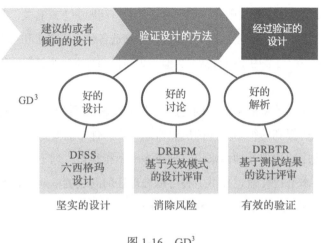

图 1-16   GD^3

从问题解决理论到问题解决实践

问题解决类的流派和技术比本书所提到的还要多。我们已经展示出了在 20 世纪出现的最普遍、最有影响力的这部分。对历史影响的研究揭示出，不同问题解决方法中的相似点要远远多于不同点。

例如，所有方法都会使用观察手段去了解情况，也会进行问题定义、分析、执行、试验、测量以及学习的重复循环。方法会根据企业的不同需要而有所区别（比如，移情式理解 vs. 对比式理解 vs. 统计式理解），而细节也会根据问题的不同类型而不同（比如，定量 vs. 定性，开放式 vs. 封闭式）。

本书所展示的框架和问题解决方法是已经被研究了几十年的概念和方法的融合。虽然问题解决是作为一种知识体系建立起来的，但在实践中却很少有人掌握它。即使在 21 世纪，大多数组织还是在执行最基本的问题解决方式的道路上挣扎前行。这种失败在一定程度上与看待问题的方式有关，甚至与在问题解决开始之前进行问题定义的方式有关。筛选各种不同方法和技术会令人生畏，一种方法不会适用于所有情况，但是想要得到答案也不见得要使用一百种方法。

接下来的章节将展示四种问题解决方式的基本框架和逻辑（见图 1-17），像我们之前所提到的很多不同的历史概念一样，你不需要把每个概念和实践都学会并使用。用朱兰的话来说，把很多事做得很差，远不如把几件事做好来得重要。本书旨在通过提供一种可以处理任何问题的框架来再次简化这一任务，并使这一过程变得更容易、更轻松。

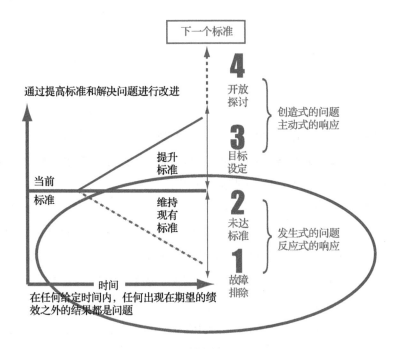

图 1-17　聚焦于类型 1 和类型 2 的问题解决方式

第2章　故障排除（类型1）

故障排除是通过快速反应和短期改进措施来修复问题的反应性流程。不妨联想一下消防员、警察或者医疗领域中的一线应急人员或急救人员。消防部门中的高技能消防员不会停下来研究你家房子着火的根本原因，而是会立刻停止损害，并防止问题蔓延。

同样，快速反应式的问题解决行动在反应和跟进调查的整个链条中是非常重要的。举几个例子：

- 机器卡住了。技术员赶紧移除有问题的工件，清除错误信息，从而机器恢复到工作状态，正常活动得以继续。

- 客户打电话来投诉说，最近收到的紧急订单中有一个有缺陷的零件，在收到替换的合格零件之前，他们的流程完全无法运作，此时卖方要赶紧把替换零件发送给客户。

- 你身体某个部位疼得不行。吃几片止痛药只是短期治疗方法，但能为你赢得一些时间，或者紧急缓解一下。

事情不会完全按照计划发展。某种程度的日常故障排除在任何组织中都是必要的，在我们的日常生活中也是如此。我们日复一日地面对不计其数的问题。即使在像丰田这样经验丰富的精益组织中，每天也都有上千次员工拉安灯绳来反映问题的情况。

故障问题通常会自行发生——你通常不需要去主动寻找它们。它们以客户投诉、工作停顿、信息错误、异常状况，或者其他的破坏形式出现。这些都是一种反需要以某种类型的及时响应来解决式行为。

故障排除通常是一种反应式行为，并不研究根本性的问题以及背后的原因。认识到反应式问题解决的必要性是非常重要的——不应该忽视或藐视这类问题解决方式。故障排除不会导致理想状态的实现，但是仍然可以满足即时需求、保护客户，或者为更加深入地挖掘和调查重要细节赢得宝贵时间。有效的故障排除有助于企业获得更好的稳定性。这要和仅仅是在患处"贴创可贴"区别开来。

故障排除的方法有好有坏。好的故障排除能锁定问题和直接原因，但它通常也仅能解决当下最紧急的问题，暂时把流程恢复到标准操作状态。这是至关重要的第一步。在一天内发生的上百个（也许更多）异常状况下，人们没有足够的时间去分析所有问题发生的根本原因。

细致的工作设计能够帮助暴露这些类型的问题，让需要被及时关注的事情可视化。对任何组织而言，在精心设计的流程中，由工作能力合格的人员进行的有效的故障排除，都是一笔宝贵的财富。

需要应用类型 1 问题解决方式的情况

1. 安全问题。

2. 质量问题。

3. 交付问题。

4. 设备警报。

5. 工作停顿。

6. 其他一般性异常状况。

概念特性

由员工和一线主管在日常工作中所采取的即时行动，是故障排除行动中最先也是最重要的部分。每种类型的组织都会出现小问题。这些小问题要由亲身经历它们的人直接处理，而处理则主要依赖于充分的培训、专业的知识，以及为故障排除而清楚设计的程序。

再想想消防队员、医疗救护员（EMT），以及在其他紧急状况下第一时间响应的人员，他们就是故障排除的优秀例证。假如你家着火了，你最直接的需求就是：有人能确认房子里的人是安全的，然后灭火，并对可能发生的烟尘吸入、烧伤等状况提供必要的紧急医疗措施。你应该不会召集一群人来开会讨论为什么着火，以及如何防止再次失火。像这样的重要分析，根据不同的调查机制和流程，应该要晚点再做。

下面就是一个医疗方面的例子，用来说明故障排除为什么很必要。假设你下腹剧痛，决定去医治。医生诊断你患上了憩室炎（一种由细菌引起的结肠炎症），给你开了止痛药和抗生素来缓解症状。一两天后，你感觉好点了。复诊的时候，医生告诉你："好了，你现在没事了。"

假如你问医生自己为什么会得憩室炎，大多数情况下，准确的根本原因是不清楚的，它可能与饮食有关，也可能受遗传因素影响。幸运的是，专业医疗人员知道如何迅速地处理病症，消除疼痛，同时快速地让人们回到正常健康状态——这是非常好的故障排除！

这种基本思维适用于大多数组织。当异常状况发生时，重要且迫切地需要员工立刻处理这个问题，并确保客户得到保护。当然，员工的安全也要得到保障。在一天里，精益企业会有很多次因异常状况而"停止生产线"。企业要立刻执行故障排除程序，以让生产尽快恢复（在大多数情况下，这个过程只需要几秒钟或者几分钟），这样的话，组织就能达成每小时或每日目标了。

看看以下几个情况：

- 某个装置卡住了，造成了某种类型的机器停顿。
- 突然发现了一件来自某供应商的有缺陷的物料。
- 某个操作员犯了错误，需要得到主管的注意或帮助。

这些情况每天都在发生，当务之急是尽可能在最短的时间内恢复正常的工作秩序。

重新思考和标准化故障排除

每个组织都在日复一日地处理无数问题，比如设备失灵、小延误、各方面的缺陷和其他问题。设备的缺陷或损坏在工业环境中是最常见的例子，组织处理它们的正确做法是尽可能快地修理缺陷，使设备恢复到正常状态。

我们不是要把这种状态视为一种业务常态，而是要认识到这种需求，并将其作为改进的方向——提供一种专家级的第一时间应对能力，而不是去"贴创可贴"。好的故障排除，关键是对类型 1 问题的解决方法有恰当的认知，认识到其内在局限性，并拥有合适的方法、受过专业培训的人员，以及标准的操作程序。

我们先从简单的 4C 问题解决框架（见图 2-1）开始，包括：关注（concern）、原因（cause）、对策（countermeasure）、检查（check）。这个简单框架的概念来源于我在丰田工作时所观察到的各种日常问题解决表。尽管简单，但如果恰当应用 4C 方法，组织可以在很多情况下获得非常好的结果。最好的成果是，超出表面症状的范畴，定义出潜在问题和原因。要把这种初步的故障排除方法视为遇到问题时思考和采取立即行动的口头标准。

为什么我们需要有效的故障排除？很简单，原因之一是我们没有其他的理性选择。对于一个复杂的组织来说，单个大型工厂就可能拥有数千名员工。假设每个人每天都至少经历过一次某种类型的异常状况，比如零件错误或缺失、信息错误或缺失、工具错误、物料延迟、物料有缺陷、废品、返工等。即使每人每天平均只经历一个异常状况，一年下来，就会超过 100 万个异常状况。

如果要把每个异常状况都利用根本原因问题解决方法进行更深层次的处理，就需要追踪和管理一个非常长的问题清单，毫不夸张地说，这张清单会有几百英里[⊖]长。没有任何组织能够召开那么多的问题解决会议，或者以某种有效的方式做那么多的问题解决报告。因此，我们要快速地对这些异常状况进行尽可能好的故障排除，然后优先考虑少数重要的例子，或者重复犯过的错误，以便深入地研究。

⊖ 1 英里 =1609.344 米。

4C 问题解决

优秀的故障排除者会在脑中利用这个简单的框架，以最合理的方式处理问题。

1. 关注 ● 对于明确的关注或者问题，你知道多少？

2. 原因 ● 对于问题的表面（或根本）原因，你了解多少？

3. 对策 ● 可以采用怎样的直接或临时措施以降低或消除问题？

● 要防止问题再次发生，是否需要跟进或者更加长期的应对措施？

> 假如可以这样，你是否需要利用类型 2 的方法进行更加深入的调研？（见下章）

4. 检查 ● 行动的结果对消除问题有直接效果吗？

● 问题还在重复出现吗？

> 如果是的话，你是否需要利用类型 2 的方法进行更加深入的调研？（见下章）

图 2-1　4C 问题解决框架

好的故障排除能够以一种安全的方式回答"我现在能做什么"，这种方法能够保护暴露在风险下的个人或者客户。在精益组织中，这种快速响应程序通常被称为"异常管理"（abnormality management），它是日常管理系统中至关重要的一部分。这一程序最初的理念是要尽可能安全、快速地消除异常情况，完成当天的生产目标。

有效故障排除的触发点

"安灯系统"是一种在精益组织中常见的用于传递故障排除需求信号的工具：它是一种可视化管理工具，能够凸显某一区域的操作状态，一眼可辨。每当有异常情况发生，系统就发出信号。在问题发生时，一线员工响应并进入行动状态，拉下安灯，排除故障，比如更换掉某个工具，修理某个缺陷，修复某个机器，完成人员指导等。有两种典型机制可以用作安灯来触发故障排除的例行程序："基于条件"的故障排除和"基于时间－数量"的检查。

基于条件的故障排除

对于精益组织中的每个流程，都应该有一种明确的方法让员工在必要的时候能够得到帮助。他们应该能够通过按一个按键，或拉一下绳子，来呼叫主管或者其他类型的支持，然后在自身工作循环中（通常在1分钟或更短时间内，这取决于工作区域和实际情况）就能第一时间得到合格响应者的帮助（见图2-2）。这种"必要的时候"包括在时间、温度、压力、水位、质量、安全方面出现问题或其他情况出现时，比如医院患者的心跳和血压出现不正常情况。当这些情况没有满足常规标准的时候，警铃自动响起，故障排除开始。

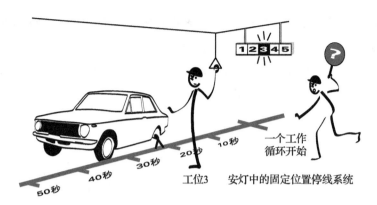

图 2-2 基于条件的故障排除

基于时间－数量的检查

计划绩效和实际结果的对比也能有效地触发故障排除。例如，主管每小时执行生产计划和结果的对比检查，对每小时计划生产量与实际结果的检查，能够强制性地使问题在每小时（或更短时间）内浮出水面。在精益组织中，你通常会在一线监督区域发现不同版本的生产管理板（见图 2-3）。这是一种非常棒的方法，可以使基本的日常问题浮现出来，并触发初始的立即响应。在医院里，临床医生及其他工作人员的定期巡视或碰头可以有效地提醒护理人员注意意外问题。

通过故障排除，问题中的"何事"（what）可以根据已发生的事定义出来，但是为什么发生问题，即发生的根本原因，通常不是我们立即就要考虑的内容。我们排除故障以让工作保持在安全、质量、数量、交付等要求所规定的轨道上。通常，它就是我们所知的立即"修复"。

生产管理板

生产线 油管单元				班组长 巴布·史密斯		
需求量 690				节拍时间 40秒		

时间	计划	实际	计划	实际	问题/原因	签字
6–7	90	90	90	90		GL
7–8	90	88	180	178	测试未通过	GL
8–9^{10}	90	90	270	268		GL
9^{10}–10^{10}	90	85	360	353	测试未通过	GL
10^{10}–11^{10}	90	90	450	443		GL
11^{40}–12^{40}	90	90	540	533		GL
12^{40}–13^{40}	90	86	630	619	不合格零件（阀门）	GL

每小时数量　　累计数量

图 2-3　基于时间 - 数量的检查

在扑灭火焰时，通常我们不会准确地知道为什么发生火灾，但是我们可能会知道一些基本信息，比如是不是用电致火。使用 4C 方法进行分析通常能够非常接近根本原因，但我们有必要应用更深层次的方法（类型 2）来探究：为什么会着火？为什么工件被损坏？为什么在缺陷发生的系统中没有检查环节？防止缺陷产品继续被传递给客户的检查点在哪里？

组织对反思和进一步分析的缺乏，界定并最终限制故障排除方法的功效。许多组织非常善于问题的快速响应，但是它们在快速深入细节方面（比如为什么问题发生了、怎么发生的、发生点具体是哪里，以及防止再次发生的最佳应对策略是什么）却不是那么擅长。

一线主管的关键角色

贯穿类型 1 问题解决方法的主题，是对一线运营领导能力的需求。对任何行业都是这样，比如医疗、零售服务、消防等行业。丰田公司在 20 世纪 50 年代初期就开始着手提高一线主管队伍的质量和能力。大野耐一对丰田公司振奋人心的改善并不是像魔法一样自行成长或维持的。

一线主管人员要具备能力管理每分钟、每小时出现的异常情况，并达成班次生产目标，这是丰田早期管理系统里非常基础性的组成要素。基于时间 - 条件进行反应的快速故障排除触发机制，在早期系统中扮演了极其重要的角色。丰田 20 世纪 60 年代设计的"全能主管"卡通画很好地反映了这一事实（见图 2-4）。

图 2-4　全能主管

全能主管的六大技能：

1. 安全提升。
2. 工作能力。

3. 领导能力。

4. 问题解决和改善。

5. 专门的技术知识。

6. 人际关系。

组织要依靠并且培养某一给定区域的主管，使其变成"全能"，从而建立改善的条件。图中的六只手臂描述了一个区域有效领导的六项基本技能：①安全提升；②工作能力；③领导能力；④问题解决和改善；⑤专门的技术知识；⑥人际关系。

这些技能的组合反映了在任何作业类型中主管所扮演的关键角色。专门的技术知识和其他几项技能共同作用，让所有类型的问题解决取得成功；技能之间有交叉的部分，相互加强；在某一领域的精通能为主管在其他领域的发展提供帮助。

鉴于此，为了创造一种普遍的文化和技能组合，丰田历来从内部提拔这样的一线主管。寻求精益改进的公司可以遵循不同的路径，比如从外部招聘，但是这样做总是会存在扰乱公司原有文化及运营稳定性的风险，因为外聘来的主管并不熟悉他们要管理的工作。

类型 1 问题解决方式的主要优势

类型 1 问题解决方式的主要优势是对流程或者内外部客户的立即反应或速度。这种方式控制了损失程度，并解除了当时的危机。从问题的遏制和精神层面出发，响应的速度也是非常重要的。草率的处理或不合适的反应时间会让问题恶化并向下游蔓延。这将创造一种"无所谓"的整体组织文化，并影响员工对自身工作和他人工作的看法。如果管理层都不快速反应或不关注，我为什么要这样做呢？

故障排除的其他优势是其内在的灵活本质。故障排除不止一条路，所需的文件或报告也是最少的。故障排除的程序通常都是口头形式的，只有在必要的时候才以书面形式呈现。事实上，正是因为不需要大量文档或僵化结构，故障排除的方式在很多快节奏或者动态的环境中是最有用的。

类型 1 问题解决方式的局限性

故障排除的内在缺点是，对系统中的真正或隐藏问题及其最终原因只进行有限的验证。短期或直接的修复通常不是防止问题再次发生的正确解决方案。修复机器某部件的堵塞，或因某类型的失灵而对其进行重启，通常只能在当时有助于把生产带回正轨，但是问题仍然潜藏在阴影里。问题一旦出现过一次，它就很可能再次发生。没有足够的数据和对收集全部相关事实的强调，你根本不知道从全局来看到底发生了什么。这就很快会导致大家所谓的"救火"，即一遍又一遍地把临时性修复措施用在同一个问题上的循环模式。

另一个缺点主要是，假如你只使用故障排除的方法，即使用得很好，员工也不会学到在 4C 之外的更深层次的思考和问题解决技巧。员工需要有批判性思维、理性分析、反思和问询，才能更清晰地定义问题，建立目标，找到根本原因，建议应对措施并开始行动以及去检查，看问题到底解决了没有。问题解决的方式应该基于其本质发展，并使个人和组织受益。如果没有类型 2 问题解决方式，能力的发展不会被充分挑战或者实现。

类型 1 问题解决能力的评估

下述几个问题将帮助你评估自身对类型 1 问题解决方式的理解运用及掌握程度。

1. 在你组织中目前有哪些故障排除的例子？请分别举出好的和不好的例子用于讨论。

2. 你使用怎样的机制使问题快速浮出水面？发现问题之后，谁负责响应？

3. 故障排除的执行是否迅速，能否及时地将组织恢复到正常的工作状态？如果不能，为什么？

4. 在个人应用故障排除且至少解决当下问题时，需要有什么样的技能？个人处理问题的优势和劣势是什么？如何最小化其劣势？

5. 个人需要什么类型的组织支持、资源、投资和基础设施（比如安灯系统、生产管理板）来有效地排除故障？你是否在运用这些方法？

6. 在故障排除时，可能显露出更深层次的问题，以及定义根本原因的事实和数据吗？如果可以，你通常可以得到怎样的信息？你通常缺少的信息是什么？为什么？

注：后续会包含评估组织用的更加详细的流程。

第 3 章　未达标准（类型 2）

类型 2 问题解决方式让我们从症状向根本原因前进，并强调根据现有标准或期望来解决问题。类型 1 和类型 2 的问题解决方式的程序本质上都属于被动反应式的问题解决，都对基础稳定性的达成有所贡献。类型 2 的程序之所以存在，是因为仅有故障排除程序还不够。对某些特定问题，你不得不分析细节，确定问题更深层次的根本原因。

2

未达标准

类型 2 方式的定义基于识别"与标准的差距"或者"与预期结果的差距"的情境。根据已经建立的工作标准或与可衡量的绩效标准的对比，有些事应该发生却没发生。你无法维持基本的"应该是"的状态。情况持续恶化。为了合理地解决这些问题，并防止它们再次发生，组织需要有技能熟练的个人和更加结构化的流程。

仅仅使用故障排除方式并不能解决比较复杂的问题，就像阿司匹林能治病，但太复杂的病就不能只用阿司匹林了。想想那个有缺陷的产品被运送给关键客户的例子吧。发送替换件作为立即的短期更正性行动可能是没问题的，虽然这增加了成本，但是假如这是反复发生在一个或多个客户身上的重复性问题，你就应该知道，有些潜藏在表面之下的、更系统性的问题需要被加以处理以防止其再次发生。

就像车的漏油问题，你总是能够通过多加点儿油来临时处理，但在找到漏油的源头并修好之前，问题一直在继续。开发出类型 2 问题解决方式的目的是找到根本原因，并建立更加根本的预防性应对措施。

需要应用类型 2 问题解决方式的情况

1. 重复发生的问题。
2. 对安全、质量、交付、成本、士气、生产率或者其他关键绩效指标（KPI）产生负面影响，且不知道根本原因与解决方案的任何问题。

类型 2 问题解决方式的必要性

大多数问题解决方式都关注问题的标准定义，要么是"与标准的偏差"，要么是"与预期结果的差距"。前一种定义更多地应用于处理定量问题，后者则更多倾向于定性问题的描述。为了更加简单明了，我们将两者结合在一起：一旦现状持续地低于现有标准或预期状态，未达标准的问题就出现了。

类型 2 问题解决方式希望能够定义出问题情况背后的根本原因，并防止问题再次发生。目标是以一种及时而经济的方式获得可靠的解决方案，并防止问题再次发生。这需要我们具有分析、推理能力和批判性思维技能，进而不断实践和改进。很少有人是天生的问题解决大师，技能可以通过培训、实践和辅导而得到发展与培养。

类型 1 和类型 2 的问题解决方式有一个不同点，在于速度。类型 1 故障排除的方式以一种迅速而急切的方式处理急迫问题，类型 2 的方式则遵循更加严谨的结构，通常包括数据收集、多方互动和深度研究，可能需要以一种令人满意的方式花费几小时、几天、几周，甚至更长时间来完成（见图3-1）。

> ### 类型2问题解决方式——针对特定的事项
>
> 安全事故的警报可能只会被拉响一次，但是它总能引发人们深入反思和原因分析，以使企业在未来更好地保护员工。某些设备和质量问题也是这样，可能发生一次都嫌多，需要开展为防止再次发生而进行的调查，而不仅是应用故障排除这样的围堵措施。

图 3-1　类型 2 问题解决方式

问题解决的深度和对根本原因的探究，是故障排除和未达标准这两类方式之间最明显的区别。类型 2 要更加深入，包含更加细致的调查。比如，更加广泛地考虑 **5W1H**（what，即何事；when，即何时；where，即何地；who，即何人；why，即为何；how，即如何）中的各个方面——尤其是关于根本原因分析的"为何"部分。

概念特性

有效的类型 2 问题解决方式的第一个重要概念特征，是该类方式本质上的循环性和重复性。故障排除可能只是一次活动（工作一旦再次正常进行，问题即被"修复"了），而类型 2 的操作是重复的，直到人们清楚地了解问题，解决问题，并且防止问题再次出现为止。

类型 2 问题解决方式的一个明确目标就是学习，对应的精益思想模型是 PDCA 循环（见图3-2）。通过对 PDCA 的实践，持续性地对情况、状态进行掌握和评估。例如，在"五个为什么"的案例中，因为轴承破损，机器每个月都要停机一次。对于故障排除来说，我们可能简单地快速替换掉轴承，让机器重新正常工作就行了。我们最终还是受够了换轴承所产生的时间、成本和精力消耗，开始更加深入的研究。

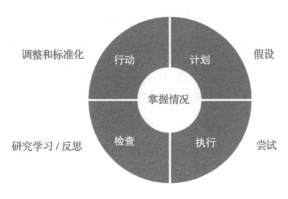

图 3-2　PDCA 循环

理论上，轴承应该可以用好几年，但问题却每个月都出现。类型 2 方式探索了为何轴承会发生破损，而不是和其设计寿命一样持久。在问题反复出现和细致调研后，我们可能会确定设备中有一个关键轴安装得不合适，这引起了轴承的过早磨损。修正了这点后，停机时间消失了，轴承达到预期寿命，于是，问题就在更加基础的根本原因层面上被解决了。（设备制造者就要进一步调查安装错误的问题和原因。）

类型 2 问题解决方式可用于如下方面的问题：安全、成本、客户满意度、交付、停机时间、前置期、整体设备效率（OEE）、生产率、利润率、质量、销售、能力培养等。不同的组织、行业或者职能，会有自己的基本指标或者关键绩效指标。任何公司都不缺问题，关键是要认识到它们，确定要解决哪些问题。一旦发生预期之外或不想要的结果，我们就可以认为使用类型 2 问题解决方式的时机成熟了。

类型 2 问题解决方式的有效触发点

基于条件的触发机制（如安灯系统）和基于时间 - 数量的触发机制（计划 vs. 实际）能够触发类型 2 问题解决方式。为保证精力和资源的付出是必要的，这些问题需要因未知原因而反复出现，或者严重到需要引起重视的程度。如果你正在寻找正确的问题来处理，那么这些问题要么基于出现频率，要么基于发生强度，或者基于对成功产生影响。

类型 2 问题解决也可以通过对日、周或月度关键绩效指标趋势的监督来触发。许多精益组织都应用了某种形式的日常管理板（见图 3-3），这张板的作用是对关键指标和运营活动的每日检查。高层领导、经理和一线工人每天都一起回顾这张板，来识别和解决那些影响标准绩效的问题。对于慢速或少量的业务运营而言，周度或月度的回顾可能是比较合理的。如果周期更长的话，对有效发现类型 2 的问题而言，时间跨度就太大了。

对类型 2 的问题识别，是通过确定一个明确的目标，以及与之对应的衡量和管理流程来实现的。这并不总是需要有像机器停机那样剧烈的事故才能触发。当某项业务运营指标、职能或者部门无法在给定的时间段内达成计划的绩效时，就证明未达标准的情况出现了，组织一定要予以解决。

先不管问题的发现机制，大多数组织都有无限多的问题要处理，但处理的时间却是有限的。关键任务是找到正确的问题组合，将适当的时间和资源分配到解决正确数量的问题上面。

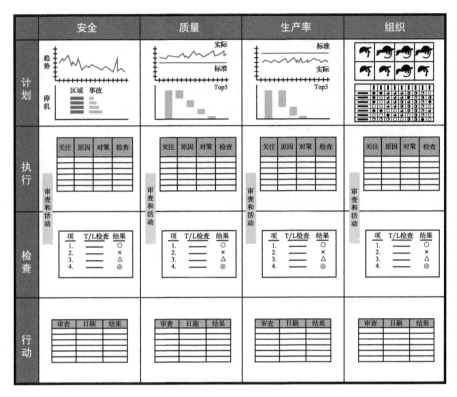

图 3-3　日常管理板

管理层要扮演的一个关键角色就是关注少数的关键情况，同时防止不那么重要的问题分散了本应投入关键问题的精力。为了组织利益的最大化，类型 1 和类型 2 问题解决方式要并肩作战。

收敛性的流程

类型 2 问题解决方式的重要特征是其重复性地、按步骤进行的本质，最终收敛至一个明确的问题，以及其原因和应对措施上。对于具体步骤和顺序，可以存在不同的方法和想法。漏斗方法展示了在大多数精益组织中很常见的一种基本模式（见图 3-4）。

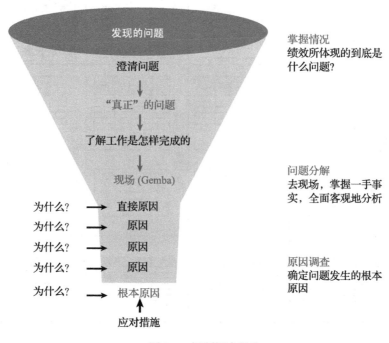

图 3-4　问题解决漏斗

类型 2 问题解决方式的七大步骤

类型 2 的不同处理方法有不同的步骤，这取决于他们选择所要强调的细节。这里介绍的七步法框架，特意采用了通用化和多用途化的形式，我们可以把它当成对比和解释的基础。

步骤1：描述问题情况

第一步是利用事实和数据澄清初始问题背景，以描述"事情应该如何"（现有标准）与"事情实际如何"（现状）之间的差距。有时真正的问题很明显，有时却需要深入挖掘后才清楚。这就是为什么要应用一种"两阶段"模式的流程来定义问题。

其内在驱动原则就是，利用事实和数据去清楚地了解和描述现状背景。不同的问题需要用不同的说明手段。下面这张"有助于澄清问题的事实与数据"（facts and data help clarify the problem）的图表就是可视化地展示问题背景信息的例子（见图3-5）。明确的问题还没有被定义，但是数据点和正在恶化的趋势却将对其开展工作的必要性阐述得非常清楚。

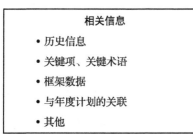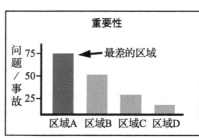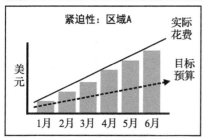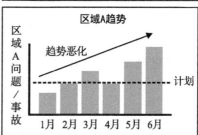

图3-5　有助于澄清问题的事实和数据

步骤 1 的要点

在说明未达标准的问题时，正确的文字要和正确的图表结合到一起，让你与受众的沟通更加清楚明了，只用"说"是不够的。在一起回顾你的文字和图表时，你要考虑如何将这些内容传递给其他人。随着你对问题的进一步叙述，考虑 4 个关键点：目的；说明；标准或预期结果；差距。

（1）目的。这个问题为什么值得花费时间和资源？它与组织的首要任务之间有怎样的关联？你需要努力向他人展示问题为什么重要，否则其他人可能会不关注或去质疑你为问题解决所付出的努力。

目的可能源于某次重大的客户投诉，或者没达到内部关于安全、质量及其他重要衡量指标的 KPI，或者某些明确的组织级目标没有达成。问题的来源根据组织和实际情况的细节而有所不同，但应该和组织的业务目标有联系，否则，即使出现问题又有什么关系呢？我们应努力让这一目的更加清楚。

（2）说明。你对问题解决的阐述应该条理清晰，重点突出。想明确讨论的重点，就要去掉围绕着"问题背景是什么、不是什么"的任何模棱两可的东西。不然，你就要面临偏题、方向混乱或者一次追踪太多潜在问题的风险了。

（3）标准或预期结果。根据定义，对于任何未达标准的问题，都要有一个标准或预期结果。如果没有清晰明确的标准，那么我们就要建立一个标准。一项标准要包含以下特征：

- 明确的特性或量化目标。
- 被用作判断基础的规则或原则。

- 被用作比较基础的事或物（专家的观点或普遍共识）。

- 在对比评估中作为衡量、规范或模型使用的想法或事项。

- 被视为同种类中最具有代表性的目标。

（4）差距。总是存在改进的机会，无论是消除与标准间的差距，还是在现有标准基础上改进。在类型 2 问题解决方式中，你通常会处理"差距 1"的问题（见图 3-6）。

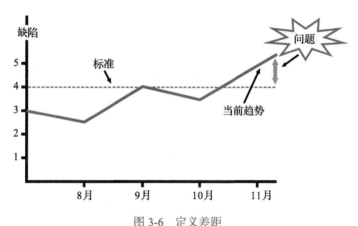

图 3-6　定义差距

将结果（缺陷）与预期（标准）绘制在一起，就看到了差距情况（问题）。

步骤 1 的注意事项

阐明问题，设计你的故事框架，开始和你的预期受众沟通。

- 花时间整理好构成问题背景的关键信息。

- 根据与标准或预期结果的差距，描述该问题。

- 明确解决问题的目标——重要性、紧迫性，以及最近的趋势信息。

- 为了更好地沟通和达成一致，将问题与更高层级的组织目标或政策进行关联。
- 以"过程 – 流"（process-flow）的形式来展示事件，尤其当问题属于时间序列事件时。
- 除文字之外，也要使用图表。
- 使用研究对象的图片来展示具体细节。

步骤 2：分解问题

步骤 2 是步骤 1 的延续，但是更加细化。问题解决漏斗是收敛汇聚式的，相关信息也会变得更加具体明确。有些问题非常明显，容易管理，我们很轻松就能定义出所有必要的细节，但对更大的问题或者模糊的情况，我们通常有必要进一步分解问题，从更加细节的层面掌握当前情况。

在步骤 2 中，你要进行分析、量化和收敛，直到获得一份细致而可用的问题描述。在步骤 1 中，你要努力地平衡叙述中的文字量与图表信息。合适的图表类型要取决于实际情况和受众。推荐大家至少合理使用质量管理七大工具和其他相关信息。如果有产品、流程或者工作方法的具体图像，涵盖这些信息是非常有价值的。

对于问题解决的正确范围，没有一成不变的硬性规定。有经验的实践者能够掌控更大范围的复杂问题，而我也常常看到有些人在问题范围太大时苦苦挣扎。对早期的问题解决来说，最好是缩小问题的范围，以使问题更清晰、更简单，能够被更快速地解决。因此，很多问题程序都强调"掌握现状的细节""明确现状"，或为了研究的需要而"分解问题"。

步骤 2 的要点

定义问题时有很多要点。步骤 1 中的要点仍然适用，AQD（分析、定量、细节）有助于完善问题定义。

分析（A）

分析（analysis）是指对某种事物的要素或者结构进行详细的考察和检验，通常是讨论或解释的基础，这包括将整体分解成更小的个体（见图 3-7）。有几个原因使之非常重要。第一，分析有助于将大范围的复杂问题分解成更小的问题，解决起来更容易；第二，在考察和检验个体元素时更容易看到细节；第三，观察更小的个体比观察整个系统要更容易推导出因果关系。

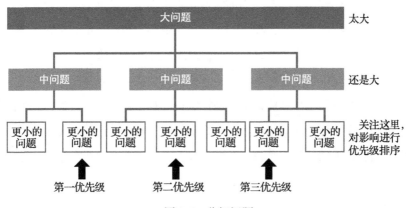

图 3-7　分解问题

"分解问题"没有单一的最佳途径。大系统被分解成更小的组成部分。小项目为得出更好的最终解决方案而被放大（比如显微镜）。问题分析工具能够被用于描述数据，并展示在哪里能够获得最大的影响。一般工具包括：

- 树形结构　　●数据分层
- 趋势图　　　●帕累托图
- 控制图　　　●流程图
- 散点图

定量（Q）

定量（quantitative）信息是指可衡量的数据（客观特性），比如质量（物质的力学属性）、时间、能量、频率、生产率或者其他特性。这与定性信息不同，定性信息处理的是我们感知到的表面特质，但不可被衡量（主观特性）。

在问题解决中，我们通常**既要**依赖于利用事实和数据的定量观察，又要依赖于包括我们的感官判断在内的定性观察。对于某些问题（比如密封处漏油），定性的观察和定义很容易建立。"现场观察"在很多精益组织中都是问题解决的关键要素，这说明定性的感官输入是无可替代的。

很少有问题仅仅用定性方法就能够被解决。定量的观察是为了获得事实的真相。只要可能，你就应该努力进行定量的观察和衡量。例如，一个问题涉及对圆度几何特性的具体测量，可能就需要测量精度达到 0.001mm，没有任何人的感官能够达到这种精确和准确程度。我们需要对观察结果、原因和影响进行定量化。

细节（D）

因为类型 2 问题解决方式是一种收敛流程，问题解决者需要持续地关注相关的细节（detail），直到问题得到充分定义和审视，并确定范围。对现地

（genchi）、现物（genbutsu）和现实（genjitsu）的注意，能够帮助你发现那些解决问题的细节。

- **现地——问题实际发生的位置或地点。** "现场"是指价值实际被创造出来的地方。"现地"是一个与它很像，却指向更加具体的位置（见图3-8）。想想侦探在勘探"犯罪现场"的情形，好的调查者总是到非常精确的位置去寻找线索、获取事实。

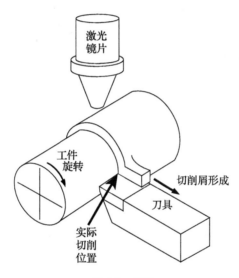

图 3-8　现地

在这个例子中，实际的位置是在轴旋转过程中，刀具切入工件，进而形成切削屑的点。

- **现物——实际的工件或物品。** 通过观察与问题相关的实物，我们经常能得到有价值的证据。观察是在问题解决过程中非常重要的要素，"描绘细节"是一种非常好的学习观察细节的方法。考量和检验现物有很多种方法。在问题解决时，最好把它们放在附近以作参考。假如不能在车间召开会议，那么把实物带到会议上去。现物包括：

-产品实物、缺陷产品、材料。

-生产流程相应的零件。

-流程中的测量数据。

-有问题的流程细节的图纸、图片和图像。

-流程的视频。

-关键人员的访谈。

- **现实——实际的事实和数据。**问题解决需要收集那些从属于问题流程的事实和细节（从步骤 1 建立背景开始）。你需要在你的问题定义中强调事实信息，比如地点、条件、发生节点、名目、时间、方法、原因、人等。实际事实和数据的例子包括：

    -来自流程的数据。

    -来自产品的数据。

    -涉及流程中操作员的数据。

    -流程的具体测量数据，比如时间、动作、操作、流程、质量（quality）、数量、能量、质量（mass）。

大多数问题解决的努力之所以费力，是因为开始时我们对问题的定义就不清楚。在步骤 1 定义问题背景时，收集了关于"未达标准"的深刻见解；通过步骤 2，你可以继续评估和完善与标准的差距。问题解决在本质上是有顺序的，但每个步骤也是重复的，服务于你特定情况下的明确需求。基于你问题的实际情况，没有任何事能阻止你此时考虑其他行动，比如，在当前的特定情况下要谁参与进来，或者要立刻执行怎样的缓和步骤作为临时手段。

步骤 2 的注意事项

问题定义对你问题解决的成功至关重要。你需确认合适的问题大小和范围。在你分解问题时，参考以下几点来提升定义的有效性：

- 根据与标准或预期结果的差距，更加清晰地描述问题。
- 用可视化的手段将细节分解以适用于实际情况。
- 以一种能够聚焦到非常具体问题的手段来定量整理数据。
- 为了使接下来的问题解决步骤工作能够聚焦，高度具体而明确地描述问题——模糊不清的问题描述会导致模糊不清的分析。
- 好的 AQD 实践。
- 根据现地、现物和现实（实际情况的事实细节）信息来解决问题。

步骤 3：建立目标

第 3 步是要清楚地建立一个能够"回答做什么、做多少，以及什么时候做"等问题的目的和目标。这两个名词在英语里经常被交替使用，但是其间有一个重要区别。目的是你想要做到的事，是一项评估的标准，而目标是在什么时候你要把目的实现得多到位。

箭术是一个很好的类比。弓箭手瞄准"目的"（另有"靶子"的意思）中间的靶心，而"目标"是他们在一定的时间内，从一定的距离、一定次数的尝试中，要射中靶心多少次（比如，1 分钟之内，在 25 米远的距离上，10

次全中靶心）。

在一些特定的情况下，尤其是在出现质量方面的问题时，可能也非常有必要去考虑目标的准确度与精确度。"目的"与"目标"这两个词经常被错认为一回事。从技术角度来看，这两个词是不能交换使用的。"准确度 vs. 精确度"的情况突出显示了它们之间的关键区别，以及在目标设定过程中二者的必要性（见图 3-9）。

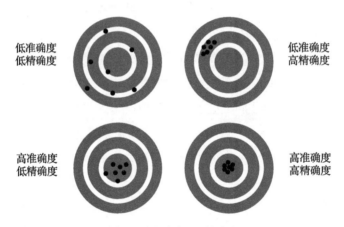

图 3-9　准确度 vs. 精确度

对目的和目标的设定是极重要的。没有清晰的目的，团队就不知道他们要"瞄准"什么。这会破坏他们的问题解决，因为他们会偏离客户的要求、管理层的期望、员工的需要，或者流程失效的节点。清楚的目标陈述会明确要求问题解决什么时候完成。有些陈述可能会指明相关目的，但并不是具体的目标，比如，改进缺陷、降低成本、提高交付、减少浪费等。

步骤 3 的要点

评估目标的一个方法是 SMART 框架[⊖]：

- **明确的（specific）**：瞄准一个特定的区域实施改进。
- **可衡量的（measurable）**：设定一个量化指标来评估进展。
- **可派遣的（assignable）**：明确谁要做什么。
- **可实现的（realistic）**：陈述在给定的、可获得的资源条件下能够取得什么成果。
- **时间（time）**：明确什么时候必须取得成果。

这一框架在你从不同角度进行思考时是非常有用的，最好将其作为指引和参考，但要根据你的实际情况进行调整——并不是每个问题都要保证所有要素。很多年来，人们修改了里面的词以适应他们的具体需求，比如，把"可派遣的"改成"可执行的"（actionable），把"可实现的"改成"相关的"（relevant）。

步骤 3 的注意事项

对目的和目标的陈述存在两个常见错误。一个常见错误是，许多团队和个人还没有一个明确的目标，就写下问题解决的步骤（比如"了解问题"或者"发现根本原因"）。另一个常见错误是，把主观期望的答案或者行动视为目标陈述的一部分（比如"购买新软件"或者"培训操作员"）。这就意味着解决方案在团

⊖ G.T. Doran, "There's a S.M.A.R.T. Way to Write Management's Goals and Objectives," *Management Review*, Vol.70, Issue 11, 1981.

队和个人考虑根本原因和可能的应对措施之前就已经被决定好了——直接跳到结论和解决方案。这样做通常会导致团队和个人感到困惑、浪费精力，而并不会取得好的结果。

在设定目标时要考虑以下几点：

- 目的是你要瞄准的绩效（比如，一支箭射向靶子）。

- 目标则陈述了你计划要把靶子打得多准确和多精确（比如，1 分钟内，在 20 米的距离上，10 次全中靶心）。

- 目标陈述必须要与问题相关，并包括你希望完成什么，完成多少，什么时候完成（没有完成日期意味着不紧急或者不优先）。

- 目标陈述不应该是个笼统的陈述（比如，"解决问题"或者"发现根本原因"等）。

- 目标陈述不应该是行动项的组合（比如，"我们的目的是建立标准化工作"或者"实施 5S"等）。

- 在设定目标的时候记得"SMART"原则：明确的、可衡量的、可达到的、相关的和时间性。[⊖]

步骤 4：根本原因分析

第 4 步是研究问题直到找到根本原因，常用于建立此类问题的因果关系。我们要对根本原因进行证明，这样就可以选择能防止根本原因和这类问题再次出现的应对措施。

⊖ 原文中出现了不同版本的 SMART 原则，因此翻译也不同。就像作者所说的，"最好要将其作为你的指引和参考，但要根据你的实际情况进行调整"。——译者注

在基本问题中，可能只有一个原因和一个结果。在更加复杂的情况下，多个要素都在生效，可能所有的要素对问题都有影响。初始的观察和粗略分析并不够。你可能要解决简单、中等和困难等不同难度的问题，这需要不同类型的分析，而分析的复杂程度也不同。你要根据手头问题的情况选择恰当的分析级别，才能不浪费时间和精力。

具有精益思维的人不得不为手头问题找到合适的技术。这就让我们又想起了那个著名的日本武僧武藏坊弁庆，他总是战无不胜，但这并不是因为他高大威猛、身强力壮，而是因为他具有灵活使用七种不同武器的智慧。

这个故事就是质量管理七大工具背后的原本逻辑。相似的是，对原因分析而言，没有一种方法永远是最好的。正确的工具取决于问题或情况的类型。

原因分析的三种类型

在类型2的方式中，原因分析有三种主要类型，每个类型又可分为很多子类，但为了简单起见，我们这里只看三种主要类型：基于逻辑的分析、单次单元变量（OVAT）统计分析，以及单次多元变量（MVAT）统计分析（见图3-10）。

基于逻辑的分析

生活中的大多数问题（在大多数组织中也一样）都能够通过定性的逻辑和批判性思维去解决——尤其是在使用了归纳法、演绎法和溯因法这些方法后。起点是你尽可能地去了解问题，尽可能全面地掌握和根本原因有关的细节。鱼骨图、"五个为什么"、故障树分析法等，都是基于逻辑的分析的例子。

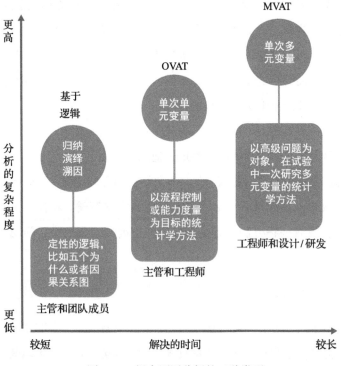

图 3-10　根本原因分析的三种类型

　　归纳逻辑是指为了构建逻辑结论而进行的观察、数据收集和批判性思维的过程。例如，通过对天鹅的反复观察，我们可能会指出它们的颜色是白的。归纳性的逻辑结论就是，我们期望所有天鹅都是白色的。笼统来讲，这个结论是正确的，但是现实中确实存在黑天鹅——尽管它们极其罕见。这在问题解决和寻找根本原因上也一样。观察和识别模式是好的起点，但是并不总能确保最后得到好的因果关系。

　　演绎逻辑则以公理为前提。例如在几何中，直角等于 90°。一个矩形包含 4 个直角，因此矩形内角的和一定是 360°。如果前提是正确的，那么接下来的结论也会是正确的。

问题解决中的很多例子和这种演绎逻辑的类型相似。比如，已知以具体的温度或速度区间运行某一特定流程，会使产品具有某种客户明确要求的关键质量特性。前提要求是，操作必须以特定的标准去运行，假如流程实际运行时高于或低于理想区间，流程将会自动导致一种已知类型的缺陷。

有时，问题解决会遵循逻辑的第三类型：溯因推理。这是一种比较微妙的逻辑推理类型，通常始于观察和可能的数据收集，然后继续陈述被认为是正确的部分。这种陈述或想法可能和用于验证的"假设"（hypothesis）一样正式，也可能像有根据的猜测（基于对现状了解的）一样简单。不管哪种类型，你都有责任去验证，以证实和确定该想法。通常这类根本原因分析要包含使用结构化的方法来对潜在原因进行试错或测试的形式。

基于逻辑的分析不要求使用高等数学，但需要我们有批判性的思维，尤其在归纳逻辑（从具体观察而来的粗略概括）、演绎逻辑（从一般前提到具体结论）以及溯因逻辑（从一般观察到假设）方面。

即使在使用基于逻辑的分析方法解决问题时，我们中的大多数人都不会去思考其潜在解决方式。事实上，知晓它们的优势和劣势是非常重要的。表 3-1 展示了一种对基于逻辑的分析方法非常有用的框架概念。这种调查分析在本质上是高度收敛的，并分解项目以进行细致研究。它利用了基本的观察、逻辑推理以及偶尔的、简单的假设检验，而没有使用数学概念或量化的方法。每个项目都被分解到细节，而每次调查又都在更加细节的层面上探究因果关系。

表 3-1　调查的收敛程度

5W1H	第 1 级	第 2 级	第 3 级	第 4 级	第 5 级
何人（Who）	工厂	部门	班	组	个人
何时（When）	天	班	小时	分钟	实际发生的瞬间
何地（Where）	大体区域	具体生产线级别	具体探测到的流程	流程中的实际位置	实际发生的具体点
何事（What）	症状	笼统问题	某类问题	具体问题	精准的问题
为何（Why）	第 1 级原因	第 2 级原因	第 3 级原因	第 4 级原因	第 5 级原因
如何（How）	不合格问题	尺寸偏差	超出标准允许范围	与实际标准对比	与实际标准间的差距，比如 0.001mm

　　我们可以在整个 5W1H 谱系中追踪这条细节线。我们要在"where"的部分明确问题的真正来源，而不是问题被探测到或观察到的环节；在"why"的部分探求在问题表象之外的根本原因；在"who"的部分找到那个明确的、最接近问题的人；在"when"的部分要获得问题发生的精准时刻；在"what"部分考证问题最准确的本质；在"how"部分准确阐明解决方式的细化程度。如果我们像侦探一样追寻这样的细节，就经常能从不同角度揭示问题。

　　关于调查流程中的"为何"，最著名的逻辑例子来自我之前工作过的地方——丰田上乡发动机工厂。故事要追溯到 20 世纪 60 年代中期，那时候的机器防护装置还很有限，机床因切削屑四溅而被熟知。切削屑堆积和污染是不同质量问题和停机问题背后的一个主要原因。厂长大野耐一拒绝总是将"谁做的"作为此类问题的解释，而是推动通过第 5 级原因的探究找到问题

的真正原因。拥有对因果关系更深层次的想法，在制定防止问题重复发生的
高级应对措施上是至关重要的。

单次单元变量统计分析

比基于逻辑的分析方法更上一级的是，一种较量化的统计学方法。单次
单元变量统计分析源于科学分析，以及当人类感官与逻辑没那么有效时对细
致测量观察的需要。

休哈特控制图就是因此而生，被用于测量流程变异和提供采取改善行
动前后对比的参考（见图 3-11）。这种方法与流程能力研究，以及变异问题
密切相关。使用统计学和质量控制程序（包括对散点图和简单回归分析的使
用）的六西格玛问题解决程序是这类分析最常见的形式。

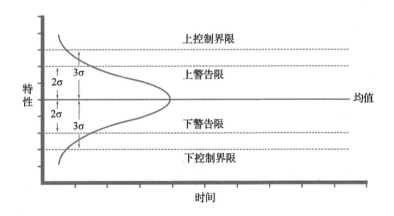

图 3-11　控制图样例

在把这类分析应用到已经定义完的问题上时，我们就可以逐步开始设计
和实施明确的应对措施了。在实施之后收集并分析数据，可以从统计学意义

上（比如流程能力）确定流程到底改进了没有。

单次多元变量统计分析

比单次单元变量统计分析更复杂的是，单次多元变量统计分析。有很多书都是整本介绍这一高级方法的，而且要掌握该技术需要提前有统计学基础。

虽然相对困难，但复杂的多元变量分析技术，比如广为人知的试验设计 (见图 3-12)，在某些特定环境下是极度强大而实用的。这些统计学技术在那些更简单的方法难以奏效时，表现得更加卓越——例如，在产品研发或者低产出量/高成本的环境下，单次单元变量试验不再可行，但一个被合理设计的试验甚至在干扰因素存在的情况下，都能够发现不同因素对产品或者流程的影响。对这种类型的分析步骤的解释已经超出了本书的范围。你应该了解这种手段的概念原理，以及应该何时使用这种手段。

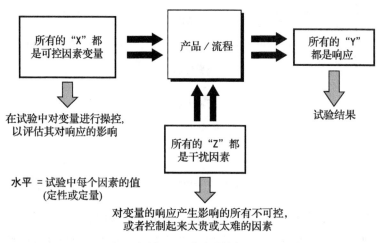

图 3-12　试验设计概念

步骤 4 的要点

你用来寻找根本原因的分析类型完全取决于问题的情况和环境，但是分析要点对所有类型都适用。问题定义的 AQD 原则对根本原因分析也很有帮助。清晰明确地按照逻辑顺序从直接原因到根本原因进行分析，让你能够关注和问题有关的重要事项，并把这些事项简明扼要地传达出去，也能更加深入地弄清现状，有助于制定预防问题再次发生的措施。

分析（A）

重点是要考虑症状发生的问题和原因。典型的分析工具，比如鱼骨图、因果关系图和故障树分析法等，有助于识别、分类以及展示问题的可能原因。有很多种方法可以被用于分解不同的要素（比如，"五个为什么"、失效模式与影响分析等）。每种工具方法都有不同的优势和劣势，但是这些工具都通过将原因分解成可以用于细节调查的逻辑结构，从而完成某种形式的分析。

量化（Q）

问题越复杂或者困难，使用量化工具进行调研就越重要。例如，散点图是一种简单的图表，在图中两个变量的值被绘制在两个轴上，通过对应坐标点的变化趋势来展示可能存在的相关性。更加复杂的回归分析技术被用于测量和预估多变量相关性（比如，从 OVAT 到 MVAT 的试验方法）。

细节（D）

类型 1 和类型 2 问题解决方式要考虑 5W1H 的所有方面，但是类型 2 的分析要被执行得更加具体明确。这通常被称为"第 5 级分析"（在"五个为什么"中），但对 5W1H 的所有方面都适用。其实这也不是说数字"5"或者"第 5 级"有什么魔力——这要取决于实际情况和你从哪里开始调查。

步骤 4 的注意事项

根本原因分析似乎在你的问题解决中耗费了最多的时间。简单问题可能有简单原因，但是复杂问题经常需要我们进行数据收集、具体测试、复杂分析以及解释。

类型 2 问题解决方式试图寻求一个单独的根本原因，或者有些情况下多个产生影响的原因。我们需要花精力去通过分析、量化和细节的因果推理来确定因果关系。工作的开展有很多种方法，这要取决于问题的具体类型和难度。在精益组织中，通过使用定性的推理方法、基本的分析和其他方法（比如质量控制七大工具），问题通常就解决了。这是本书的基本推动力，也是丰田内部的员工初始培训的基本推动力。

在步骤 4 和这类问题解决方式中有更加高级的技术和方法。你在公司中的职位越技术化、越具体，你可能就越需要学习更加高级的技术。例如，在过程能力研究、统计质量控制程序、多元变量分析和试验设计方法中，就存在非常高级的统计技术方法。

质量控制大师、丰田长久以来的质量专家，天坂格郎将分析方法分解成三种不同类别：基本的（质量管理七大工具等）、中级的（单次单元变量统计分析等）、以及高级的（单次多元变量统计分析、试验设计等）。在每种类型中都还有更加具体的分类。天坂格郎还为全面的科学统计质量控制（SQC）方法概括了课程和技术水平技能集合的 6 个不同级别。[⊖]

要成为问题解决专家，就必须像那个日本武僧弁庆一样，知晓不止一种分析问题的方法。学习不同方法是提升你专业知识不可或缺的重要技能。以下几

⊖ 原文中出现了不同版本的 SMART 原则，因此翻译也不同。就像作者所说的，"最好要将其作为你的指引和参考，但要根据你的实际情况进行调整"。——译者注

点能够帮助你找到根本原因：

- 追求客观，而不是主观情绪或意见。
- 分解细节，以分析的形式研究（比如，鱼骨图、故障树分析法等）。
- 更深入详细地挖掘与掌握在直接表象之下的更深层的因果关系。
- 分析框架是非常有用的。通常刚开始的时候根本原因是看不到的，就像大树的根，除非你能找对地方。
- 以建立紧密关联／关系的一种有用方式去定量地组织数据。
- 利用演绎和归纳思维，通过"为什么"与"因此"的逻辑测试，练习缜密细致的因果思维。
- 初始猜测不总是正确，对困难问题要坚持不懈。
- 练习正确地使用"现地、现物、现实"的信息。

步骤5：建立和实施应对措施

步骤5是建立和实施能够防止问题再次发生的应对措施。在只有一个根本原因的简单问题中，理论上应该只有一个应对措施来解决问题。实际上，通常存在好几个潜在应对措施，所有这些措施都需要被评估。对复杂问题而言，我们很容易就能知道可以通过若干个应对措施来得到最佳成果。

步骤5的要点——预防复发

步骤5最重要的目标就是预防复发，这并不是指实施你感觉正确或者你希望奏效的行动。对于任何实施措施而言，能否防止问题再次发生和达成前几个步骤所确定的目标，是他们的试金石。

有些问题解决程序将应对措施的步骤分成两部分或三部分——应对措施的生成、评估和实施。其他程序把这一步称为"改正性行动"。我们将其合并成一个更加全面的步骤，并把涵盖相关行动的关键点列出来。

内在的控制力度

一般来说，应对措施根据控制力度强弱可分为三类，从最低到最高排序分别是——行政、探测和预防（见图3-13）：

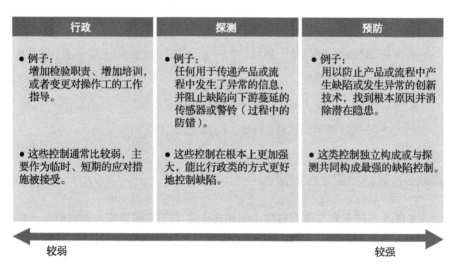

行政	探测	预防
● 例子： 增加检验职责、增加培训，或者变更对操作工的工作指导。	● 例子： 任何用于传递产品或流程中发生了异常的信息，并阻止缺陷向下游蔓延的传感器或警铃（过程中的防错）。	● 例子： 用以防止产品或流程中产生缺陷或发生异常的创新技术，找到根本原因并消除潜在隐患。
● 这些控制通常比较弱，主要作为临时、短期的应对措施被接受。	● 这些控制在根本上更加强大，能比行政类的方式更好地控制缺陷。	● 这类控制独立构成或与探测共同构成最强的缺陷控制。

较弱 ←————————————→ 较强

图 3-13　应对措施的强度

- **行政**，例如增加检验职责、增加培训，或者变更工作指导。这些控制通常比较弱，主要作为临时的、短期的应对措施。

- **探测**，例如任何用于传递有异常发生的信息并阻止缺陷向下游蔓延的传感器或警铃（过程中的防错）。这些控制在根本上更加强大，能比行政类的方式更好地控制缺陷。

- **预防**，例如用以防止缺陷或异常发生的创新技术，找到根本原因并消除潜在隐患。这类控制独立构成或与探测共同构成最强的缺陷控制。

挑战者号航天飞船的悲剧阐明了三种应对措施控制力度的区别。在 1986 年 1 月，挑战者号在升空 73 秒后爆炸了，七名宇航员全部丧生。调查确定宇航发射后不久，右侧固体火箭助推器上的 O 形环密封失效。研究表明，O 形环设计的有效工作范围是不低于 10℃ 的温度。发射那天的室外温度是所有航天飞船发射日中最冷的（前一晚低于冰点，发射时低于 10℃），这就导致了 O 形环的失效和事故。

复杂问题存在多种失效模式，比如与 O 形环失效相关的管理、设计和沟通。然而，这个例子仍然给我们提供了一个很好的平台用来讨论行政、探测和预防的控制力度。

- **行政性应对措施**，例如建立检查表或某种形式的标准化工作，来说明在发射前必须达到并维持的最低温度。这样做即便有用，也总会发生人员"忘记"或者"用错"的情况。这是解决方案的必要部分，但还不够。
- **探测性应对措施**，例如有某种形式的温度探测机制与控制板联锁装置。系统能够探测到异常状况，并阻止任何错误或在异常寒冷天气里起飞的尝试。这就比行政应对措施要强很多。
- **预防性应对措施**，例如重新设计有问题的部分，从根本上消除问题再次发生的可能性。

美国国家航空航天局最终采用的就是预防性应对措施。在重新设计的装置中加入第三个 O 形环，在 O 形环之间不再使用氧化锡，而是加入一个限制装置来防止或减少点火时接口被打开，同时改进 O 形环的材料，在接缝处增添加热条，并减小 O 形环密封的开口缝隙尺寸。这些应对措施的组合效果，在经过严格的测试和分析后被足分认可。这一问题在其太空飞船项目后续的发射中再也没发生过。[⊖]

实施的时间

问题解决并不总是一步接一步的线性过程。当问题发生时，我们可能不知道根本原因，但是我们会有些临时缓解问题的办法知识。除了故障排除之外，我们通常需要考虑可以被立刻实施的直接短期应对措施。事实上，这些措施可能需要和步骤 1~4 同时进行，而不是在其之后。例如，某个质量问题可能需要先隔离以防止问题的扩散。尽管不是真的防止问题再次发生，这些步骤能够临时性地处理问题，以使根本原因和更加有效的应对措施有时间被探究出来。鉴于此，你应该考虑短期的应对措施以满足直接需求，考虑长期的应对措施以防止问题再次发生。

沟通

变革涉及很多个人，包括所有可能被变革影响到的人，我们要与他们就潜在的应对措施清晰地沟通，并邀请他们参与到决策的制定中。成功的实施要求双方都要买账，并且支持变革。事实上，当个人更好地参与进来，并相信他们的想法也重要的时候，成功的变革才更可能发生。我们也要针对应对措施的实施计划和对应的 5W1H 要素进行沟通。沟通应该可视化（比如 A3、项目板），当然也要有语言沟通。

⊖ Michelle La Vone，"The Space Shuttle Challenger Disaster，" *Space Safety Magazine*，2014.

评估与选择

在步骤 5 的问题解决中，也许有各种可能性的应对措施需要被确定，或者只有一个明显的应对措施。如果只有一个，就非常好确定了。但即使就这么一个比较清晰的应对措施，我们也要根据以下标准类别对其进行评估：

- 对问题再次发生的预防效果。
- 由此产生的情况的安全性。
- 实施所需要的时间。
- 实施所需要的成本。
- 实施的难易。
- 实施的风险。
- 一些具体要素（你所处的实际情况中的特有要素）。

主人翁精神

步骤 5 最后一个关键点是主人翁精神，以及对计划和想法的快速试错。理想情况就是，以安全有效的方式快速实施应对措施，从而防止问题的再次发生。达成理想状态的计划和资源需求，包括对应对措施活动的安排、这些活动的完成速度，以及制订备用计划（在应对措施失效的情况下启动）。

- **工作进展管理**。制作与所选应对措施对应的行动事项时间线，通常是必要的。所选事项越复杂或者风险越大，基于时间的行动计划就越重要。计划也应该包含何时对实施应对措施的进程和影响进行回顾与评估。
- **工作速度管理**。没有紧迫感就很容易把应对措施的实施拖拉很久。尽可能地缩短从应对措施的选择到实施之间的时间，并且一定要设定时间节点并沟通期望。

- **备用计划**。你总是需要负责任地去考虑：如果应对措施由于无法预见的原因失败了，或者产生了意外的后果，该怎么办？在这样的情境下，你要怎样将其恢复到之前的状态？以下的"PACE"将有助于你建立备用计划：

  - 你的**主要**（primary）计划，即你计划要实施的应对措施是什么？

  - 你的**备选**（alternative）计划，即你要实施的应对措施，并可能取得相似结果是什么？

  - 你的**应急**（contingency）计划，即能够达成预期结果，但会对组织产生较多成本（时间、精力、金钱等）的应对措施是什么？

  - 你的**紧急**（emergency）计划，即在其他计划都失效情况下的应对措施（大致可能会耗费更多的时间、精力、资源、成本等）是什么？

快速试错

有些精心设计的应对措施可能会被证实无效，因此它们浪费了时间和资源。快速试错和试验有助于阻止对这些"无用"应对措施的长时间实施，或者拉长战线。快速试错模拟了一种被称为"最小可行产品"（MVP）的方法。这是一种精益产品研发理念，包括对想法进行快速试错，而不是把所有精力全都放在某一个涵盖范围非常广的选项上。

比如，有个组织需要解决某个问题或客户需求，然后快速开发出一个相应特性的产品，让大家了解这个"最小可行产品"的用途。相似的是，应对措施也要快速试错，来发现其在现实中的真实潜力。为找到"最小可行应对措施"或者"最小可行流程"，我们对应对措施进行试错。在进行快速试错时，以下几个建议会很有帮助。

- 确定你要如何知道应对措施产生了你想要的影响（比如，它对问题的处理效果是可衡量的）。

- 确保你对应对措施的试错基于 5W1H 分析法。

- 识别出试验的观察者，并为他们提供关于观察什么和如何记录观察的指导。

- 如果在工作中进行试错，确保在该场所有必要的许可。

- 与需要知道的人沟通试验的流程和目标。

- 进行试验。

- 访谈参与者与观察者，得到他们的反馈（什么有用，什么没用）。

- 回顾评估反馈与观察到的数据，并确定接下来要发生什么：在不同条件下（比如，在不同班次，在高峰期等）对相同应对措施进行重复试验，或者根据前次观察修正应对措施，重复试验，并再次评估结果。（对所有应对措施都进行这样的试错是有必要的，在试错后可以进行全面评估和评分，有助于你决定要实施怎样的应对措施。）

步骤 5 的注意事项

任何改正性行为或应对措施的试金石，都是看它是否防止了问题的再次发生。基于你应对措施的明确需求和情况，应考虑以下几点：

- 坚持客观而非主观的情感或主张。

- 提出多个应对措施的想法。

- 就想法开展试验，确定它们的实际表现。

- 练习正确使用"现地、现物、现实"的信息。

- 从防止问题再次发生的角度，去考量应对措施。

- 不要只利用行政性的应对措施，而是去寻找根源上更加强大的探测性和预防性的应对措施。

- 以标准化的评价准则去评估应对措施（比如，安全、成本、可靠性、难易度、时间性）。

- 进行应对措施的快速试错和试验。

- 制订能够回答下列问题的详细应对措施计划。

  - 为什么选这个应对措施？和所有相关方进行清楚的沟通。

  - 什么时候实施该应对措施，定下具体时间？

  - 谁对实施负有主要责任？

  - 应对措施具体要实施在哪里？

  - 要如何实施该应对措施，或者如果可行的话，要实施到什么程度？

  - 如何能够安全地缩短实施的时间长度？

  - 在无法预测的情况下，备用计划是什么？

  - 是否有短期或临时应对措施，该措施应该持续多久？

  - 一定要实施的长期永久性防止问题再次发生的应对措施是什么？

步骤 6：检查结果

步骤 6 是确认应对措施的实施结果，一定要与之前步骤中对问题的描述和目标概要联系起来。理想状态是达成了目标，消除了问题——如果达成了，那么你就做对了，如果没做到，那么 PDCA 循环回到起点，你的新目标是找到没有达成原目标的原因。

你在步骤 5 中所制订的计划应该已经清晰地设置了什么时候、由谁去回顾与评估进程和影响。你所实施的计划不仅要遵从 5W1H 框架，还要包含评估影响（正常 vs. 异常）和响应的方法。

步骤6的要点

步骤6的要点是要看你是否达成了你在步骤3中确立的目标，但是在该步骤中有你很多其他要处理的问题，尤其是在处理复杂问题和多个应对措施的时候。

之前与之后——结果达标了么

在确定应对措施的结果时，第一个关键点是对比实施前后的状态，这种对比一定要直接紧扣你在步骤3中建立的目标（见图3-14）。例如，假如目标是达成100%的准时交付率（OTD），那么，检查工作就一定要确定你实施的行动是否达成了这一目标。

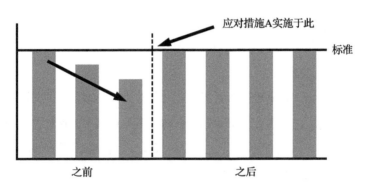

图 3-14　检查应对措施的结果

这种检查工作听起来很简单，却经常会出错。团队经常去检查行动项目实施了没有，而不去检查结果达标了没有。团队必须对结果和前面设定的目标进行对比。如果达成的并非预期结果，那团队就有事做了。改进达成了吗？如果达成了，达成到什么程度？你把改善成功归功于什么？

当应对措施A没有达成预期目标时，有改进的迹象，但是距离目标仍有差距，并且问题仍然部分存在（见图3-15）。在这种情况下，要达成目标就需要一种不同的或额外的应对措施了。一般在尝试多个应对措施时，你应该交替实施，以检查每个措施的效果。

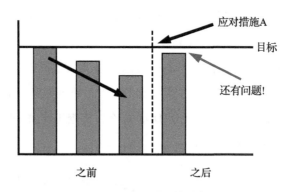

图 3-15　应对措施成功与否

结果如何达标

假如有变化，到底是什么引起了该变化？措施与结果间的关联并不总是和因果关系一样，它很容易就让你陷入对后者的误判中。比如，可能有一些变量改变了，而对此你不知道。上游的流程或者供应商可能做出了一些改变，影响了绩效标准的达成。

可重复性是验证应对措施的试金石。假如你把该应对措施移除，问题会回来吗？假如你把该措施放回去，问题会不会消失，积极的结果会不会重新出现？如果是，那么你就有了很强大的证据证明该应对措施是有效的。

有利的结果很容易被归功于问题解决者的"英雄行为"（这种努力从长期来看并不持久），而不是那些重复和可维持的、真正基于流程的改善。

在理想状态下，积极结果来自于对潜在原因的消除，而不仅仅是往方程式两边加入额外的工作。我们现在是工作得更加聪明、更加高效，还只是更加费力了呢？你的实施结果真的很精益、很坚实吗？在有多个应对措施的情况下，你能对最有效的应对措施进行评级和衡量吗？

结果未达标

在你没取得目标结果时，会发生什么？答案是继续分析问题，并且要问：这是正确的应对措施吗？它被正确地实施了吗？我需要增加应对措施来完全达成明确目标吗？我能将失效回溯至一个不正确的根本原因，或是无法定义最深层次的根本原因吗？问题解决方法论有问题吗？为了达成目标，这种（对结果的）评估需要彻底、理智、诚实与坚持。

步骤6的注意事项

在检查结果时，反思你之前在步骤3中设定的目标。常见的错误是，只是简单地检查不同的行动项是不是被执行了，却不去评估是不是达成了目标，或者是不是解决了问题。你需反思以下几点：

- 确保检查方法与目标陈述紧密相连。
- 对比应对措施实施前后的情况。
- 情况改善了吗？你能确定为什么有改善吗？这种改善是可持续的，或仅仅是额外关注和努力工作的结果？
- 如果实施了多个行动项，哪个行动项达到了我们想要的效果？
- 如果情况没有改善，你在这个过程中学到了什么？

步骤7：跟进与标准化的成功实践

类型2问题解决方式的步骤7，是通过标准化将成功的应对措施转化为最佳实践来维持推进，并预防问题再次发生。这一步在概念上听起来很简单，但它是组织经常纠结，甚至跳过的一步。例子有很多，原因也很多。这一步是跟进的一部分，或者说是 PDCA 循环中调整或执行的一部分。

步骤 7 的要点

最佳实践的成功标准化要求我们采取几个关键行动（见图 3-16）。首先，为了维持长期的成功，规定必做事务。然后，和其他也能从中获益的相关方分享成功的应对措施和经验教训。最后，我们建议进行一轮关于问题解决方式的反思，看看今后应该如何改进。

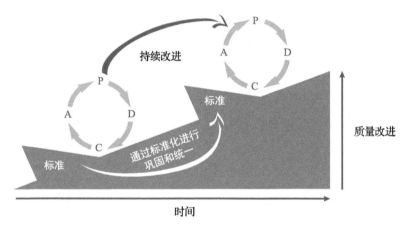

图 3-16　维持和分享标准

维持长久的改进

你要如何保证成功实施的应对措施可以经得起时间的流逝？应用使实践

成功的标准能让改善维持下来，并防止退步。经常有人天真地以为，文件和培训是保证应对措施固化下来的最佳或者唯一途径，这种观点既不全面，也理应受到质疑。

精益原则 ECRS（取消、合并、重排、简化）有助于维持改善。如果你没有遵循该原则，你可能会更艰难地维持标准。ECRS 有助于让新解决方案操作起来更简单、容易。把任何有必要的东西都融入新实践中，包括技术、方法、信号和模板等。千万不要假设口头沟通和培训就足够了。

批判性地去思考那些会在未来维持并发挥出最大效力的措施，并避免将它与改进工作无关的行政措施标准化，以免妨碍他人采用该标准，并妨碍今后解决问题的行政措施标准化。标准化不应该成为问题解决的结束标志。

最佳实践的部署

有些工作一定要做，这样可以帮助新变化生效并维持下来。第一个行动就是准确识别出改变了什么，并让所有受影响方都清楚这一点。"横向展开"就是用来传递这种概念的。它的意思是，你要如何将成功的应对措施部署到所有相关方或你组织中的相似情况中去。这包括上下游的流程、主管、员工、供应商、客户、工程、维护、全球设施等。

你可以用 5W1H 框架来回顾评审新标准和传播标准的手段：

- 新标准是什么？
- 为什么用这个新标准？
- 谁负责该标准？
- 需要把新标准通知给谁？

- 需要培训谁?

- 什么时候生效?

- 在哪里生效?

- 为了支持该标准,需要准备好什么(信号、可视化引导等)?

- 如何进行沟通和培训?

- 需要考虑什么其他要素(见图 3-17)?

    - 设计是不是以某种方式改变了?

    - 流程是不是以某种方式改变了?

    - 需要修改什么图纸和文件?

    - 要更新什么工作指导书?

    - 使用的备件是同样型号的吗?

    - 其他重要方面有哪些?

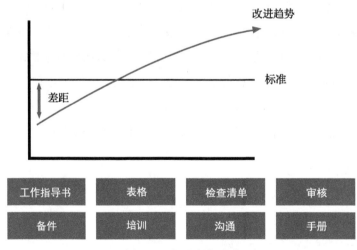

图 3-17　跟进与标准化

反思

为了保证你在问题解决上付出的努力能够持续地卓有成效，你一定要做什么？在精益组织中，这个想法通常被称为"反思"，它是指基于某人行为的反思和在回顾中能够学到的东西。约翰·杜威曾说过，我们不是真的从经验中学习，而是通过对经验的反思以及批判性地检验我们学到的东西来学习的。[⊖]所有成功的学习或内建改进的组织，都在某些方面遵循这一过程。

步骤 7 的注意事项

思考以下几点以获得最多的反思：

- 作为个体，你具体学了什么？
- 组织收获了什么，或者需要如何进一步改进？
- 事后来看，真正的问题是什么？
- 为什么解决某个问题花了那么多时间？
- 下次如何能够做得更好？
- 下次如何能做得更快？
- 下次团队如何才能运转得更有效率？
- 如果要你重新处理这个问题，你会对哪件事有不一样的做法？

类型 2 问题解决方式的成果维持：蓝泰克的经历

坐落在美国肯塔基州路易斯维尔市的缠绕膜包装行业先驱，蓝泰克公司

⊖　John Dewey, *Logic：The Theory of Inquiry*, 1938.

（Lantech）是丰田和其供应商之外第一批采用精益和丰田生产系统的公司之一（《精益思想》中对此特别描述过）。他们曾经享有过单件流、平准化、持续改进引入带来的巨大成功，但是随着时间的推移，公司开始动摇。预期的财务节约没有实现，改善成果和新标准也不能维持——这是真正未达标准的情况。

像蓝泰克 CEO 詹姆斯·兰卡斯特在其《精益管理的日常实践》一书中讲的那样，他研究了改善与退化的循环，寻求做出变革。他和他的管理团队开始围绕着问题解决和改善而建立标准工作。他们建立了一种结构化的日常管理系统，每日检查问题和进展，以维持标准并改进成新标准（见图3-18）。这种在改善流程前先维持流程的做法，让蓝泰克又回到成功的道路上。

图 3-18　蓝泰克模型

蓝泰克的日常管理系统由一线主管到高级管理层逐层升级的一系列会议构成，其运行方式如下：

6：00 - 6：15 a.m.　班组级操作工与班组长会面

6：15 – 7：00 a.m.　单元级班组长与工厂主管会面

7：00 – 8：00 a.m.　生产部主管与生产经理会面

9：00 – 10：30 a.m. 部门级生产经理与高级管理者会面

类型 2 问题解决方式的主要优势

类型 2 问题解决方式的优势，是该流程深思熟虑和逻辑化的本质。这类问题解决方式的意图就是定义关键问题、根本原因和防止问题再次发生的可持续措施。这类问题解决方式能够对直接的需求做出响应，但是它以一种深思熟虑的方式深度挖掘更加细节的点，故意降低问题解决的速度。更多的时间被用来澄清以下事项：

- 问题背景是什么？

- 详细具体的问题是什么？

- 与预期产出或标准之间的差距是什么？

- 具体目标是什么？

- 根本原因是什么？

- 如何防止问题再次发生？

- 什么样的应对措施最有效？

- 应对措施有效吗？

- 需要怎样的跟进项来保证解决方案的可持续？

- 为了取得类似的结果，应对措施还能被应用到哪里？

类型 2 问题解决方式的局限性

这种深思熟虑的问题解决方法被设计用于发现真正的问题和原因，而不是处理表面的症状。大多数组织需要在整个公司里培养这种技能，来处理"救火"永远也解决不了的问题。类型 2 问题解决方式相对有点复杂，并且需要除了故障排除之外的精心培训和培养。虽然这本身不是一种局限，但问题解决者应该留意到，类型 2 问题解决方式的技能组合并不容易被获得。这些技能需要随着时间进行大量的实践才能得到发展和培养。事实上，这也是培养精益文化的挑战中的一部分。

真正的类型 2 问题解决方式也需要时间去执行。通常，由于人们感知到时间的限制，问题解决方式总没有一个合适的时机。故障排除和"救火"更容易，因为这会立刻就让大家满意，并在初始时达到一定的成果。实施类型 2 问题解决方式需要组织具有更高的纪律和思想上的领导力，从而开展更高层次的调研和问题解决。不然的话，组织就要选择反复进行故障排除。

要记住，类型 2 问题解决方式是一种"重返标准"的问题解决形式。成功时，组织能够回归到之前的绩效状态，或者取得预期的结果。很明显，这通常是一个非常重要的目的，但是这种方法的潜在劣势是，它会导致一种对现状的接受状态，进而会导致整体缺乏创造性。

待在现有问题和流程的边界内，创造性的解决方案还没有必要被考虑。但有时候，一种完全不同的答案或者做事方法会产生更好的结果。组织需要有不同的思想和方式（类型 3 和类型 4 的问题解决方式），以便能够在现有期望和知识水平之外为问题提供解决方案（见图 3-19）。

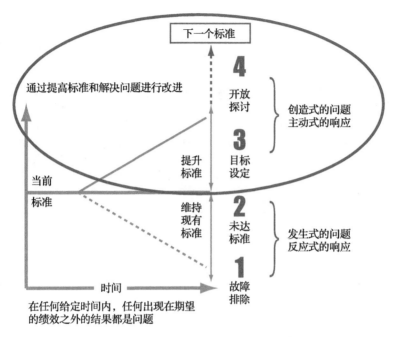

图 3-19 聚焦于类型 3 和类型 4 的问题解决方式

类型 2 问题解决能力的评估

1. 你的组织中当前有哪些问题是需要用类型 2 问题解决方式来解决的？是什么触发了对这些问题的识别和尝试？

2. 你对类型 2 问题解决方式的使用效果怎样？在深度、方法或者技能方面缺少什么？

3. 在你的组织中，为了更好地应用类型 2 问题解决方式，个人需要怎样的技能？你的公司文化在帮助或者抑制这类问题解决方面有哪些优势和不足？

4. 在你的组织中，类型 2 问题解决方式需要怎样类型的组织支持（比如，资源、投资）？

5. 你是如何让组织中未达标准的问题浮现出来的，该如何改进这种发现机制？

6. 如果你的组织有效地应用了类型 2 问题解决方式，实现它的要素是什么？

第4章 目标设定（类型3）

对类型 3 问题解决方式的精通，使组织拥有了不仅能够幸存，而且还可以茁壮成长的能力。类型 1 和类型 2 的问题解决方式让你能够维持稳定的运营环境，而改进的收益则来自类型 3 问题解决方式。组织需要提升自己的基准标尺，以改进某一个工序（流程）、价值流、工作团队、业务单元或者部门的标准或者状态——即使现状看起来似乎完全可以接受。

通过使用类型 3 问题解决方式，你实际上在"创造"一个原本不存在的问题——无论现有方式看起来多么有效，你都有需要进一步跨到其外。这就是持续改进或者"改善"的含义。在类型 2 维持一定绩效水平的问题解决方式和类型 3 持续改进方式之间，有很多相似点，但也有一些关键的不同点。

对类型 3 问题解决方式的精通能够带来产生极大利益的重要改进。许多突破性改进的取得都离不开类型 3 问题解决方式的程序，这通常需要组织具有很强的创造性。这种方法并不是没有缺陷或特殊难点，如果把希望都寄托在类型 3 问题解决项目上的话，那就像打棒球全靠本垒打，或者打篮球只投三分球一样。

在没有能力恰当地执行类型 1 和类型 2 的问题解决方式时，类型 3 的改进项目执行起来通常就很艰难了。前两种类型通常能提供创建新流程所需的高价值的信息，而且在类型 1 和类型 2 的问题解决过程中处理过的问题，在类型 3 过程中通常会再次出现。在类型 1 和类型 2 的问题解决方式所建立的坚实绩效基石上，类型 3 的问题解决方式能够将组织的绩效提升到新的高度，同时让组织获得在不断持续快速变化的环境中持续成功所需的适应能力。

定义、对比、案例

这是改善的国度——每个员工都参与到对更好状态的持续追求中，走在通往完美的道路上。利用类型 3 问题解决方式建立新标准是非常强有力的，通常是在精益组织中最特立独行的一种改进类型。类型 3 问题解决方式涉及分析、创新力和获得一种更高水平的可维持绩效。就定义而言，类型 2 的问题需要有与既定标准间的差距，而类型 3 的问题则是通过创造差距来产生的——把标准提升到更高水平上。

例如，一家制造型公司以 100% 的准时交付率将货物交付给已知的一系列客户。这家公司可以说自己"没有交付问题"，但这种思维模式本身就有问题，因为还有改进的空间。客户的期望会随时间流逝而不断提高，而且竞争是动态的，并非一成不变。即使已经达到 100% 的准时交付率，公司仍然能够对此进行改进。客户可能要求将下单到交付的周期（前置期）从目前的 10 天缩短到 5 天，而且在未来，有可能进一步从 5 天缩短到 1 天。

这种类型 3 的思维对任何活动几乎都适用：服务、医疗、物流、政府——你可以指出的任何领域。为了改善，你未必需要有直接的"发生式的问题"。例如，所得税申报专家可能在准确处理客户文件的基础上，想办法缩短处理所需的时间，并提高客户满意度；外科医生做的膝关节置换手术可能没有任何问题，但两台手术的间隔时间或者患者的恢复时间可能还值得进一步分析和改善。在做出一定的改变之后（比如，制订计划，清洁仪器，缩短准备时间，消除延误，准备手术室等），医生有可能在一天里做更多的膝关节置换手术，或者更好的术后康复项目可能会达成更短的患者康复时间。

任何职能、领域或者行业的改善机会都是无尽的，你必须要有意愿去挑战任何流程的现状，并思考如何才能更好。在这种思维模式背后的固有理念是，由于人类的创新能力，改进总是可能的。类型 3 的改进通常在本质上都是变革型的，或是基于系统的。这些改进不会仅仅包含一个指标或流程，相反，类型 3 问题解决方式的改进范围能够涵盖整个部门，或职能、价值流——甚至是整个企业。

在精益世界里有一种广为人知的目标设定型的改善方法，那就是绘制现状和未来的价值流图。⊖ 这种改进并非是为了解决单一问题，或者寻找到其根本原因，而是尝试转变整体的物料和信息流、库存水平、流程布局、生产控制方法。如果执行恰当的话，改进的结果要比只解决某一个特定问题好得多。这是一种系统层面的改进。

⊖ 参见迈克·鲁斯和约翰·舒克合著的《学习观察》，其中译本已由机械工业出版社于 2016 年出版。——译者注

A3 流程在类型 2 和类型 3 的问题解决情况下同样适用。套路改进是应用在类型 3 问题情境下的典型方法：识别目标状态，并沿着 PDCA 循环反复迭代。"套路"也能被应用于创建与维持（防止恶化）类型 2 的解决方案（见图 4-1 和图 4-2）。

概念特性

乍一看，在许多特性上，类型 3 问题解决方式和类型 2 的很相似，尤其是通过 PDCA 循环开展的改进。可以用一种逐步进行的方式来为类型 3 的流程提供指引，尽管可能不如类型 2 问题解决方式那样规范。类型 3 和类型 2 的问题解决方式之间的差别是绝对存在的，虽然很多实施精益的组织经常很难分辨其中的区别。这会导致组织产生一定程度的困惑，以及在维持预期收益方面步履维艰。

类型 2 问题解决方式聚焦在澄清问题及其直接原因上，要尽可能明确具体。应用的思维和流程在本质上是调查性的，通过发现（与标准不符、产生变化的）偏差，并将关键项目恢复到正常工作状况，围绕着恢复到已知标准或者之前的绩效水平而展开。类型 2 思维接受现有标准。

相比之下，类型 3 思维会从根本上对现状提出质疑："理想状态是怎样的，或者应该是怎样的？"刚开始的时候你可能没有明确的答案，你必须构想一种改进后的目标状态或未来状态。在聚焦到具体明确的个体问题之前，类型 3 的问题解决者要拓宽思维宽度，去思考多个备选状态和路径以实现构想。

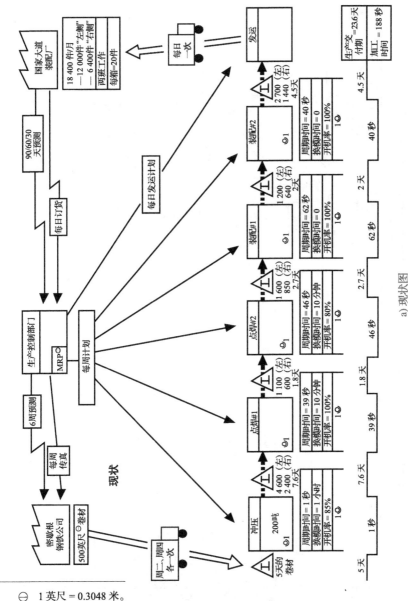

图 4-1 阿克米冲压米值流图

a) 现状图

资料来源：Shook and Rother，*Learning to See*，pages 28–29 and pages 70–71.

⊖　1 英尺 = 0.3048 米。

⊖　MRP 为物料需求计划。——译者注

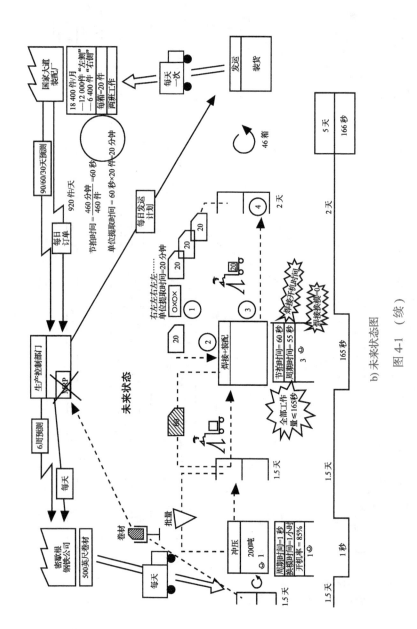

b) 未来状态图

图 4-1（续）

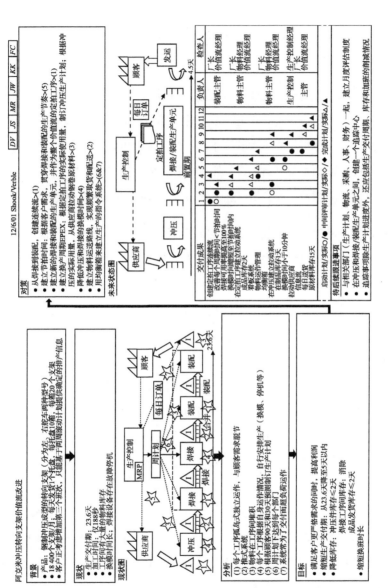

图 4-2 阿克米冲压改善 A3 图

资料来源：Shook, *Managing to Learn*, supplemental A3 Examples.

如下关于目标状态的问题，就是指引你的灯塔：

- 我们如何提供一种使员工身心安全且具有专业挑战感的环境？
- 我们如何能让每个工位或工作站的质量每次都更加接近百分之百？
- 我们每天要怎样才能让安全程度都更加接近百分之百？
- 我们要怎样才能让有序程度和任务完成度都更加接近百分之百？
- 我们要怎样才能让任务和订单都更加接近百分之百的准时完成？
- 我们要怎样才能让所有资源的充分利用率都更加接近百分之百？

这里提供一种对常见关键区别的可视化思考方法。图 4-3 的左侧是类型 2 的思考方法，从以问题为中心的角度出发，展示了通过制定标准、认识差距、分析原因和相关的问题解决步骤，而使流程恢复到正常状态的过程。这种类型的本质是反应式的，沿着时间线回溯数据和事件来寻找信息。

图 4-3 的右侧类型 3 的思考方法则是去预测明天、下周、下个月等事物的理想状态应该怎样，或者"应该是怎样的状态"。在这种思考方法下，组织通常没有现成的答案用来复制，也没有现成的标准用来恢复，尽管学习过去的相似情况在确定解决方案的过程中举足轻重、意义非凡。类型 3 方法要考虑一种新的绩效水平：理想的或者未来的状态看起来应该是个什么样？我们要怎样朝着目标前进？这种改进的过程能够且应该包含客户满意度和人才发展的双重目的。

在类型 3 问题解决方式中有另一条与类型 2 大相径庭的道路：一般来说，组织并非只有一个问题或改进机会。可能有一个主要的改进方向，但组织要处理的并不是单一的根本原因或者差距。组织可能需要许多不同的行动项来改进现状，以达成改进后的目标状态。

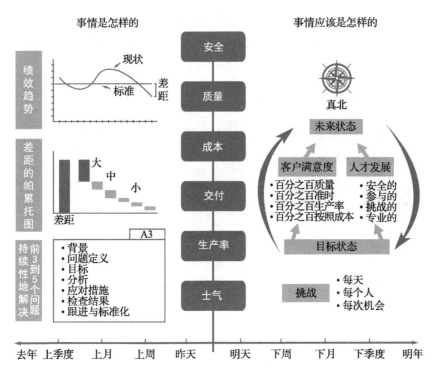

图 4-3　类型 2 vs. 类型 3

比如，我们可以想象一间光线变暗了的房间。在类型 1 或者类型 2 的方式中，原因可能简单到只是有一个灯泡烧坏了，需要换灯泡。在类型 3 的问题解决方式中，我们可能就会期望让房间整体变得更明亮。那么，光线的类型和强度、地板和墙壁的颜色，以及窗户的位置和质量都是可能的改进内容。

这样看的话，就没有一种常规的根本原因需要被解决，你只是在用不同的方法让房间变得更加明亮。类型 3 的这种思考过程通常以更加发散式的思维开始，它不同于类型 2，可能不会以漏斗模式筛出一个明确的问题或根本原因。类型 3 的问题通常是一张含有很多项需要被完成内容的项目清单，为了改进而要解决的是一系列问题的集合，而不只是一个单一的问题。

类型 3 问题解决方式的八大步骤

类型 3 问题解决方式由以下八个步骤构成（请将它更多地当成是一种指引，而非要求，见图 4-4）：

图 4-4　类型 3 问题解决方式的八大步骤

1. **背景**：列出受众和参与者可能需要知道的信息。

2. **现状定义**：以图表等可视化的方法描述现状，让受众能更好地接收信息，例如价值流图。

3. **现状分析**：全面地检验不同要素的改善潜力，比如前置时间、服务、绩效、成本和特性等。

4. **目标**：列出要在什么时候完成什么，并明确要取得改善的具体水平。

5. **目标状态的定义**：通常被视为类型 3 问题解决方式整体的一部分，用于可视化地展示改进后的新状态应该是什么样子，可以是可视化的想象图、流程图、数据，或者对比地去看待预期目标状态。

6. **执行计划**：在这一步中经常有大量工作要做。请列出高度具体的细节，比如姓名、责任、日期和预期产出结果等，明确具体的细节，根据需要可以在其他项目计划中进行管理。

7. **检查结果**：这是此类问题解决方式非常重要的一部分，因为改进的成效需要用改进后的状态来证明。与类型 2 恢复到标准水平或者消除问题不同，你要检查的是新的绩效水平有没有达到。

8. **跟进与标准化**：一定要做行动清单来确保结果在长期运行中是可维持的。

类型 3 的问题通常（尽管不总是）包括不计其数的流程，从而使其比类型 2 的问题范围要"大"，也似乎更加需要更多人的投入和参与。虽然有很多例外，但是类型 3 的问题通常有很多需要大量协调的动态部分，因此，这类问题要比类型 2 的问题需要更长的处理时间。跨越多个实体 / 资产的价值流转型和多个指标的改进，要比只改进价值流中某一点的某个指标要更加耗时。

类型 2 与类型 3 的问题都是使用 A3 流程的绝佳候选对象，A3 流程中会附带有遵循 PDCA 流程的文件。复杂的或者系统性的问题通常需要更多的沟通和结构化处理。A3 流程在使较大项目保持正轨及支持其成功完成方面，具有不可估量的价值。

类型 3 问题解决方式的有效触发点

类型 3 的问题可以被各种机制所触发。最常见的一种途径就是检查关键绩效指标（KPI），这和类型 2 问题解决方式是一样的。不同的是，类型 2 是要对趋势显示出来的与已设定目标的差距进行反应，而类型 3 的这种机制则是通过建立新的、更具挑战性的未来状态或者理想 KPI 而主动调动起来的。这种新的或者更具挑战性的 KPI 的建立，将使任何流程的现有方法都不足以满足这样的新要求，因此企业就需要新方式或者转型。

相似的是，类型3的改进在精益组织中通常由年度改进设定活动或"战略部署"或"方针管理"）产生。这可能需要大量的多方协调工作。类型3的问题并非必须要和战略或方针相关，也可以关注日常绩效改进的执行层面。战略部署流程有助于在整个组织中建立新的标准，这种计划活动针对的是更广泛的、与公司目标相联系的运营改进。

例如，公司可能有这样一个目标——"成为环境可持续性方面的领军者"。在这样的背景下，任何与节能、材料的重复使用、特定材料的减少或消除等有关的活动都是改进机会。这一目标会触发在采购、生产、外部物流以及办公室或行政流程中类型3问题解决的多个措施。同样，成为市场上最高质量制造者的目标，会触发对质量缺陷的消除，并影响公司的许多领域。类型2和类型3的问题解决程序，也都能够以客户投诉的形式"由外而内"地触发。

另一个触发类型3问题解决方式的机制，是与精益运营成果的最终或理想状态进行对比分析。案例展示了可以怎样对准时制生产概念的各个方面进行评估（见图4-5）。从第1级绩效，到后面的第2级、第3级绩效，改进计划都能够定义出来。除了可以通过评估现状绩效水平（KPI等）来获得改进潜力之外，这种方法也强调了基于改进实践经验和知识的明确对比分析。

类型3流程改进案例——丰田的快速换模（SMED）

让我们一起看看类型3的问题和"提高标准"这一概念的经典例子。这个简单的"缩短冲压换模时间"的例子，在精益和丰田生产系统的历史上很出名，它描述了一种长时间的持续改进。

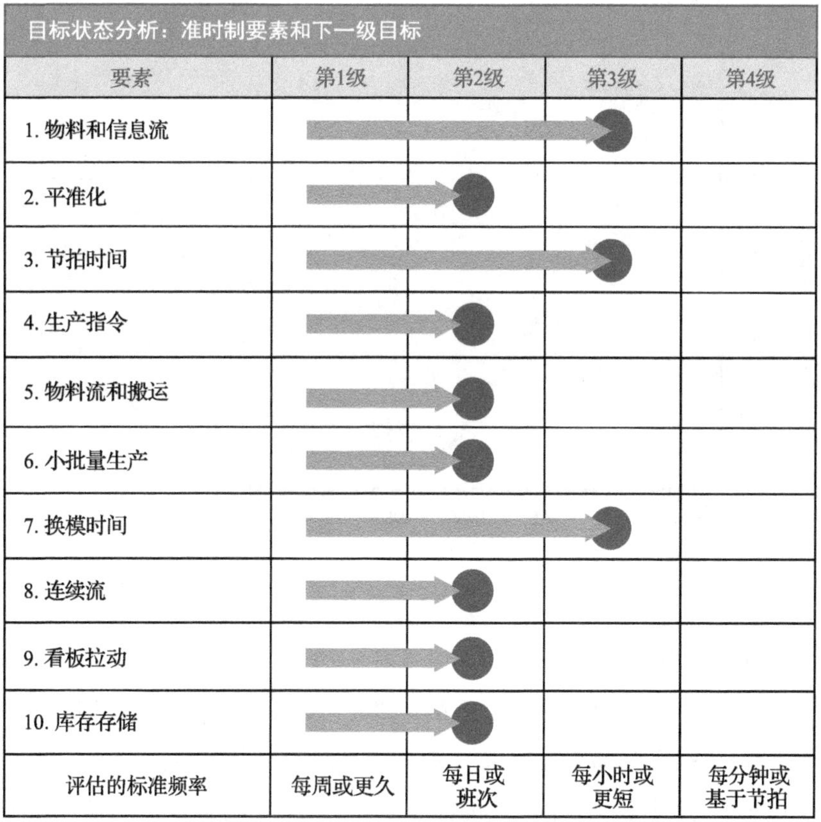

目标状态分析：准时制要素和下一级目标				
要素	第1级	第2级	第3级	第4级
1. 物料和信息流			●	
2. 平准化		●		
3. 节拍时间			●	
4. 生产指令		●		
5. 物料流和搬运		●		
6. 小批量生产		●		
7. 换模时间			●	
8. 连续流		●		
9. 看板拉动		●		
10. 库存存储		●		
评估的标准频率	每周或更久	每日或班次	每小时或更短	每分钟或基于节拍

图 4-5　准时制目标状态的评估案例

　　刚开始的时候，在大型冲压模具的准备和换模时间方面，丰田及其竞争对手处于同样的水平——时间久、难度大。完成工作的具体时间要取决于机器的尺寸，平均时间为 4~5 小时，这在 20 世纪 50 年代还是非常领先的；在 23 年之后，换模时间缩短了 98%；在 1973 年，丰田全公司的平均换模时间只用 3 分钟（见图 4-6）。

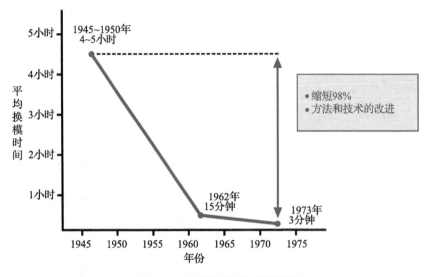

图 4-6　丰田缩短换模时间的历史

　　这种被改进的生产柔性，源于经年累月、持续不断的调研和改进流程——没有灵丹妙药，也没有神奇的魔法。从大约 240 分钟降低至 3 分钟的换模时间，改进过程持续了 23 年，粗略相当于年复一年地对许许多多机器进行每年 10% 的改进。

　　公司不是每年都能取得这样的进步，但整个过程中公司都在持续地强调缩短准备 / 换模时间这一目的。方法在被持续修正，浪费在被消除，步骤在被自动化，并且控制技术也被改良了。尽管有些情况下也会发生资本购买和设备升级，但改进的理念总是"创造力优先于资本投入"。

　　作为改进的一部分，丰田冲压部门会利用和这张"准备 / 换模时间缩短工作表"（见表 4-1）相似的工具进行年度评估和分析。根据此表，丰田会对每个工作步骤或者工作要素进行分析、时间测算，并考虑如何改进。

表 4-1 准备/换模时间缩短工作表

生产线						
产品部件				**准备/换模时间缩短工作表**		
机器				工作要素分析、时间研究、问题识别		
流程序号	主要准备/换模活动（工作要素）	时间研究 开始	时间研究 结束	时间研究 总时间	零件号	类别 内部工作	类别 外部工作	问题点	改进想法
1									
2									
3									
4									
5									
6									
7									
8									
9									
10									

这样做的目的，是要识别出每个步骤的改进点和相应的改进想法——不管步骤有多小。如此一来，像校准辅助、快速夹紧装置取代螺栓、工具标准化、模具预热、油管尺寸标准化，以及很多其他的想法，都随着时间的推移而被激发出来。

在经过前几轮的改进之后，丰田在缩短准备／换模作业时间这件事上，并没有经历直接的发生式问题。在不招致大规模资本支出的情况下，要达成目标销售量就需要不断增加的产能和生产柔性。在达成初期改进之后（利用类型 2 的解决程序），公司开始追求一种理想状态，包括完美的安全状况、更强的柔性和响应，以及零换模时间。

这并非是找出某个根本原因并进行针对性的改进，而是随着时间的推移，识别并实施了数百个小改进（类型 2 和类型 3 问题解决方式的混合使用）项目，然后将其融入未来的设备设计中去。思考过程特性鲜明——永无止境、具有创造性、创新的坚韧性，并利用改进的 ECRS 概念，即取消、合并、重排、简化与基本的 5W1H 问题相结合（见图 4-7）。

逐渐地，这种方法就会导致更短的准备／换模时间、更高水平的柔性、更高的设备可用率，并降低库存，这些点对任何的资产密集型行业都很重要。由于改进持续了很多年，有些额外的方法被开发出来，进一步完善了这种类型 3 问题解决方式的框架（见图 4-8）。

如果以未达标准的角度来看，丰田并没有问题，尽管期望的前置时间和库存降低在现有的换模时间下完不成，而且也没有某个单独的根本原因要处理。取而代之的是，"创造一个差距"来追求零换模时间的目标状态，通过更短的前置时间、更少的库存，当然还有更低的整体成本，来提供更高的

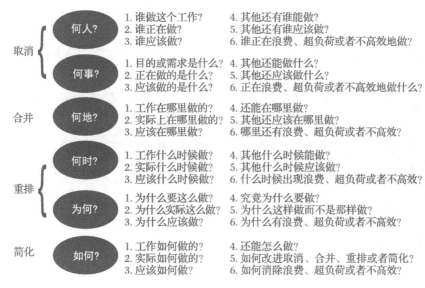

图 4-7　结合 5W1H 的 ECRS 原则

柔性和更好的客户响应能力。这样的愿景，其实是源于 20 世纪初期，由丰田创始人丰田佐吉和其子喜一郎所发明的织布机的零换梭时间。为改进冲压而执行的各种实际工作，在后来几十年里被一系列领导者所推崇和支持。

　　当然，缩短换模时间并不是基于"点"或"流程"改进的唯一方式。另一个在丰田和其他精益组织中常用的著名技术就是"标准化工作"。很多公司里都有不同风格的工作指导书，而丰田标准化工作的独特之处在于其总结了 3 个要素：①员工的工作需要与客户节拍时间相匹配；②周期性重复的工作顺序；③明确的在制品库存量。

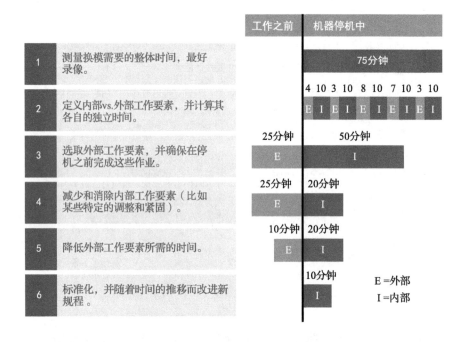

	工作之前	机器停机中

1　测量换模需要的整体时间，最好录像。

2　定义内部vs.外部工作要素，并计算其各自的独立时间。

3　选取外部工作要素，并确保在停机之前完成这些作业。

4　减少和消除内部工作要素（比如某些特定的调整和紧固）。

5　降低外部工作要素所需的时间。

6　标准化，并随着时间的推移而改进新规程。

图 4-8　缩短准备 / 换模时间的框架

　　由于客户需求速率和节拍时间的改变，丰田（日本）通常每个月都会根据标准化工作的安排（见图 4-9），依次对每条生产线进行调整。流程要求，团队在根据新的需求水平调整其工作内容的同时，保持或提高生产率水平。作为平衡工作的一部分，很多方面都会持续产生改善的小想法，比如对手工作业或自动化的周期时间、走动时间及等待时间等。从传统的未达标准角度去看，通常不认为有问题，所以只有由工作团队带着创意想法，在流程层面对标准化工作进行改进。

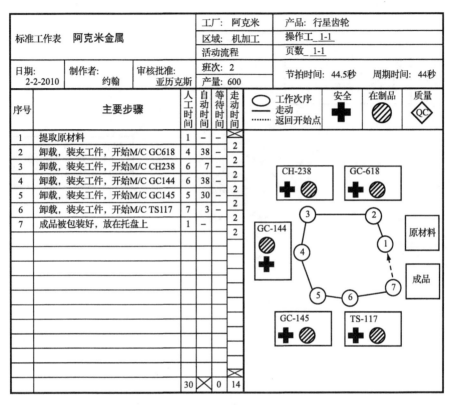

序号	主要步骤	人工时间	自动时间	等待时间	走动时间
	工厂: 阿克米　产品: 行星齿轮				
1	提取原材料	1	–	–	2
2	卸载，装夹工件，开始M/C GC618	4	38	–	2
3	卸载，装夹工件，开始M/C CH238	6	7	–	2
4	卸载，装夹工件，开始M/C GC144	6	38	–	2
5	卸载，装夹工件，开始M/C GC145	5	30	–	2
6	卸载，装夹工件，开始M/C TS117	7	3	–	2
7	成品被包装好，放在托盘上	1	–		2
		30		0	14

标准工作表　**阿克米金属**

工厂: 阿克米　产品: 行星齿轮
区域: 机加工　操作工 1-1
活动流程　页数 1-1

日期: 2-2-2010　制作者: 约翰　审核批准: 亚历克斯
班次: 2　产量: 600　节拍时间: 44.5秒　周期时间: 44秒

工作次序　走动　返回开始点　安全　在制品　质量QC

CH-238　GC-618　GC-144　原材料　成品　GC-145　TS-117

图 4-9　标准化工作
注: 原图右侧内容疑似有误，已做修改。

这样的改进意味着，在任一类型的动作或者流程相关的活动中，总是存在着浪费。从客户角度来看，有些活动确实是增值的，而有一些是附带的，或在现状下是必要的，或纯粹浪费和不增值的（见图4-10）。一旦你真正秉承了这样的理念，可改进区域的清单就会无穷无尽，并取决于你的流程或价值流的实际类型。

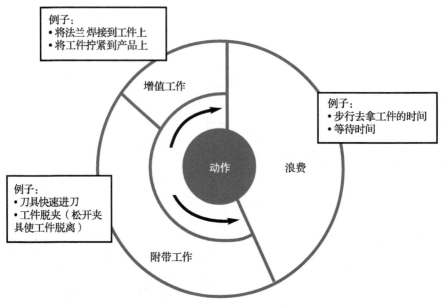

图 4-10　工作的类别（工作饼图）

　　缩短准备 / 换模时间和标准化工作是两种基于流程的方法，这两种方法在精益组织中随着时间的推移可能会孕育出类型 3 的很多改进。其他的领域和例子也数之不尽，取决于你的流程或价值流的类型：

- 改进与安全或者环境相关的工作实践。

- 缩短前置时间。

- 工程性工作实践。

- 维护流程和相关的工作实践。

- 服务或行政性工作。

- 排产工作实践。

- 设备或工具改进。

- 质量流程改进。

- 生产率改进。

- 成本消耗改进。

在所有被提出的类型 3 问题背后，存在着的是人类创造、改进和坚持不懈的品质。类型 3 问题需要领导层去设定应该是什么的愿景，而不仅是实际是什么（现状）。丰田生产系统在很大程度上是追求类型 3 问题解决方式的产物，例如，拉动而不是推动，提高内建质量而不是检验，等等。你也能在这样的思维模式中找到企业梦寐以求的状态——百分之百准时、按序、按需，百分之百增值和百分之百参与。在这所有的一切背后，则是一种质疑的态度和对让事情变得更好的耐心追求。

我们也可以从另一个角度看待类型 3 的问题解决方式，下图是现今非常著名的丰田生产系统屋的全貌（见图 4-11）。

丰田生产系统方法和技术的集合，通常被视为一套"系统"，但是经过更深入的研究后，你会发现，其中有很多个具有内在关联的系统或子系统，并没有某一点或根本原因可以改进。丰田生产系统是一个复杂、内部彼此相关、能够互相加强的系统和功能的组合产物。在实现持续改进的过程中，系统的工具也得到了持续改进，这也是发展和尊重员工的过程。

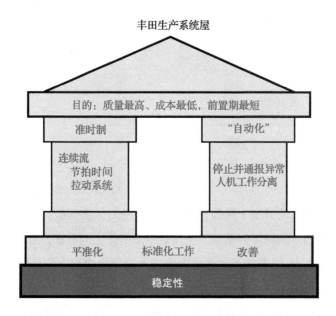

图 4-11　丰田生产系统屋

丰田生产系统可以被视为由多个具有内在关联的子系统集合而成的"小屋"。

丰田小屋的框架可以被视为多个具有内在关联的系统：

- 准时制的订单交付系统，追求将货物百分之百及时、按序、按需地交付给下游客户。

- 内建质量系统旨在突显流程中的所有异常，让人机得以分离，并百分之百确保质量。

- 对组织中的每个工作流，都设有逐层分解的目的和目标的 KPI 管理系统。

- 设备可靠性系统、人力资源发展系统、成本降低系统等。

- 工作分析和生产率改进系统。

- 人力资源的能力发展系统。

丰田之旅：1-2-3

丰田因改善而闻名，它在这种类型 3 的问题解决方式上的成功，基于其坚实的解决类型 1 和类型 2 问题的技术能力。对类型 1 解决程序的精通是丰田 20 世纪五六十年代的主要焦点，紧接着就是对类型 2 问题解决能力的显著发展。这两大类的知识和技术既辅助持续改进，又促使类型 3 的问题解决方式的实施取得更大的成果。几十年以来，任何的雄心勃勃、想达成相近水平（可持续的改善）的企业都被建议，为每类问题解决方式都建立相应的体系，培养相关的能力。

类型 3 问题解决方式的主要优势

类型 3 问题解决方式的力量，在于对改善永无止境的推动，从而找到更好的方法去执行任何流程或价值流。这也是改善的真正含意——为了变得更好而改变。无论当前绩效如何，总有改进的空间。这一类型的改进使得精益组织让主管、经理、领导者和员工不停地挑战。

类型 3 问题解决方式的改进，可能会与公司内的年度计划和政策相关。改进也能与某区域的客观评估和理想状态的对比相联系。无论哪种方法，都强调识别出目前状况下改进的重要区域。能够解决类型 3 问题的能力，让公司能够对外部的运营环境变化做出灵活应对，这要求所有职能部门都在适应性思维的程序上具有创造力。

类型 3 问题解决方式的局限性

类型 3 问题解决方式的潜在障碍，主要围绕着其固有的复杂性和对所需技能组合的掌握程度。在精益历史中，应用了改善工具却不能维持改善成果的公司屡见不鲜。问题解决领导者需要警觉，不要利用精益工具去模仿他们以为是精益的东西，而不去理解更深层次的支持结构和原因。精益的目标是改进，而不只是为了使用工具而构建模型。

为节省时间，有些组织会试图从类型 1 的故障排除直接跳到类型 3 的进行改善活动。这种策略罕有成功的例子。即使成功了，本质上说也不过是运气使然。要使用类型 3 问题解决方式，必须先处理好未达标准的现有问题。未达标准的问题在很多组织中都很猖獗，因而组织需要通过对问题进行恰当定义和根本原因分析来解决，并确保运营稳定。这样看，精益运营就很像椅子或桌子，至少需要三条腿来达到基本的稳定性，一条或者两条腿的椅子或桌子总是先天不稳的。

类型 3 问题解决能力的评估

组织可能会混淆类型 2 和类型 3 的问题，它们有相似之处也有不同。类型 3 问题在目标状态的定义阶段就已经试图使用更加发散和具有创造性的思维了。此外，它通常耗时更久，要花费更多资源。有时，领导层要将一些重要的类型 3 问题作为优先工作来处理。组织中所有层级的问题解决者都要参与定义（通常混乱的）问题，并为定义目标状态而贡献自己的想法。在类型 3 问题解决程序上的勇猛精进，将维持成果，促使组织进行适应性强的改进。以下几个问题将帮助你思考类型 3 问题解决方式。

1. 目前你的组织中有什么区域或者活动在进行类型 3 问题解决方式？是否已使用类型 2 的程序处理过并使这些区域得到稳定？

2. 在你的组织中，类型 3 问题解决的程序是如何开始的，比如，是否有战略部署流程？内部有专业技能来产生改进的选项吗？

3. 你会让谁去领导类型 3 问题解决活动？他们是否有足够的时间和责任从事这方面的工作？

4. 在你的组织中，你会将何种类型的组织支持（比如，资源、投资）分配到类型 3 问题的解决上？

5. 你的组织在类型 3 问题解决方式应用上的有效性如何？为什么这种方式取得了或没有取得预期的结果？

6. 也许将类型 3 问题想成是转型类的问题，会比较有帮助：

   - 你将如何触发要解决的类型 3 问题？

   - 哪些改进是最紧急的，并需要解决类型 3 问题？

   - 应该一次性着手处理多少重要的改进项目？

   - 你要任命谁来领导这些改进项目？

   - 现阶段组织解决类型 3 问题的技能水平如何，怎样提高？

   - 需要建立怎样的回顾评审和教练辅导机制？

第 5 章 开放探讨（类型 4）

类型 4 问题解决方式可能有好几个名字，比如"愿景导向"，或者简单地说，"创新"，有些读者可能根本就不把这类活动当成"问题解决"。四种问题类型的框架延展了问题解决的定义，包含与以下内容相关的活动：创新、创造性流程、突破性变革，或者为重新思考并克服阻碍我们实现希望与憧憬的限制所付出的一切雄心勃勃的努力。

所有四种类型的问题解决都源自需求或者机会，但是类型 4 可能需要的是一个甚至谁都不知道其存在的问题。就像很多人经常引用的亨利·福特的名言："假如我问人们他们想要什么，他们会说是更快的马车。"

创造新的或改进形式的产品、流程、网络、服务、供应链或者其他关系，能够加剧改变商业市场和竞争，甚至能颠覆整个行业。从根本角度看，类型 4 问题解决方式处理的是让组织在长期运营中保持繁荣昌盛和成功所面临的持续性挑战。

类型 4 问题解决方式一般由专业职能部门里的专家来实践，比如设计、研发或特殊组织，比如"创意实验室"[⊖]或者"臭鼬工厂"[⊜]。创新并不需要局限于这类专家，每个人都有能力生成创新想法，并培养创新思维。创新的改进可以很小、中等或者很大。相似地，从开始有想法到形成解决方案所需的时间与所走的路途可以很短、很简单，也可以很长、很困难。创新也能发生在其他几种类型的问题解决过程中，我们会将其与类型 4 问题解决方式加以区分。

我们对类型 4 问题解决方式的探索，从结构上就与前面三种类型不同。我们不会单独地回顾某个代表性的方法或流程，而是会定义我们所说的"开放探讨地解决问题"是什么意思，并回顾几种出类拔萃的方式。我们也会从两种专家的角度来检视当代的类型 4 方法（设计思维和基于多套方案的创新），而其中的关键点能有助于改进你在创新工作上的有效性。最后，我们会一起看一些来自丰田的案例，揭示发生在类型 2 和类型 3 的问题解决过程中的因果式创新与发生在类型 4 的问题解决过程中的开放式创新之间的微妙差别。

为何我们需要类型 4 问题解决方式

类型 4 问题解决方式从一个新的角度切入问题，通常鼓励组织创造些改进后的新东西，以带给客户更高级的价值主张。具体的问题定义和相关解决方案的空间，组织在开始时并不一定会完全知道。这种关键区别本身就让这种类型的问题解决在本质上充满挑战。

由于类型 3 问题解决方式和类型 4 的方式在本质上都包括了突破性改进

⊖　一家从事创意与经营的公司。——译者注
⊜　它是洛克希德·马丁公司高级开发项目 Advanced Development Programs 的官方绰号。——译者注

和创造，二者存在一定的重叠区域。基本区别是，类型3中的目标设定以及与现状的差距陈述都要尽可能的清楚，然而在类型4中，我们无法像画画一样清楚地绘制出未来状态。如何达成未来状态，达成之后看起来又会如何，对此我们都不清楚。对我们想要去哪里或者一些高级别的目的，我们可能只有一些模糊的感觉。

另外，类型3问题解决方式通常是改进现有的方法、流程、系统或者产品的有效性。那句"创造力比资本投入更重要"，通常是这类工作的优秀指导。从某种程度上说，类型3问题解决方式的最终状态在一定程度上是确定性的，而类型4的解决方式则相反，很可能会包含目前还不存在的新的或改进的方法、流程、系统、服务和产品等。我们通常不会清楚地或细致地绘制出期望中的未来最终状态。它仍然未知，并且也因此更加开放。更好的未来出现于现今存在的要素逐渐明朗的过程中。

公司努力去培养创造性思维，执行快速的产品研发周期，并开拓新市场。所有的行业都可以被视为开放式问题解决的创造物。这些想法来自哪里？又是如何被开发出来的？要如何超越反应式的故障排除或用问题解决来产生新的解决方案呢？

纵观历史，许多创新都源自开放式探索过程中的意外惊喜，而不是有意的、结构化的、基于科学方法的试验。很多时候，我们可以称其为幸运的错误，发明者尝试去解决某个问题，但结果却是成功地解决了另一个。

例如，第一种抗生素青霉素，就是一个意外的发现。1928年，亚历山大·弗莱明（Alexander Fleming）结束了两周的假期后回来，发现在意外被污染的葡萄球菌培养皿上发展出了某种霉菌。弗莱明检验这种霉菌时注意到，培养基阻止了葡萄球菌的生长。这一发现造就了医药界伟大的突破性进展，拯救了不计其数的生命。在青霉素帮助下发展起来的制药业，最终也成了价值几十亿美元的巨大全球性行业。[⊖]

当然，我们想更少地依赖于纯粹的机会或机缘巧合。纯粹机会的完全对立面，就是严格的、有时会持续很多年的，甚至贯穿很多人整个职业生涯的自然科学方法。想法和问题在科学家大脑中形成：做观察，收集数据；做假设，再通过具体实验来验证；收集实验结果，再分析；确定是接受假设，还是拒绝、修正或者扩展。这一过程是被精心设计的，并包括经由严格的同行评审准则和客观第三方的独立核查机制审查成果的发表。

在机缘巧合和科学方法这两种极端之间的领域，就是大多数组织运行和实践创新的地方。当今大多数援引类型 4 问题解决方式的现代框架，都依赖于几个一致的要素，其中一个要素自然是创造力。创新，我们所定义的这一类问题解决方式，展示的是一些对基础层面而言是新的、不同的、能为客户增加价值的东西。另一个要素是重复循环的概念，就像科学方法或者其简化版那样（在接下来的章节中，我们会大致介绍一些）。

不同的创新循环描述的共同点远多于其区别，与我们更早时候提到的问题解决方式也有很多共同点。与这些循环相关的，也有看待这些类型或创新的切入角度的框架。最后的关键要素是提速，尽快获得来自现实世界的反馈。托马斯·爱迪生及其发明传奇，就是这种提速版"做中学"的著名案例。在这一部分里，我们会去思考在类型 4 问题解决方式中的多个框架，并展示这些框架是如何利用这些要素的。

⊖ Charlotte Foltz Jones, *Mistakes That Worked*, Delacorte Press, New York, 1991.

现代类型 4 问题解决的根源

现代历史盛行着针对类型 4 问题解决的不同方法论，并带有不同的标签，比如创新、突破性思考、突破性改善、设计思维、再设计，以及精益创业。虽然各自的拥护者通常都会分别强调其优势与不同之处，但在以一种更加宏观的角度检视它们时，某些概念或者关键要素似乎能够将其全部都连接起来。让我们来强调一下其中一些观点的历史基础。

亚历克斯·奥斯本——创造力与头脑风暴

1953 年，创造性问题解决的早期贡献者亚历克斯·奥斯本发表了影响深远的《创造性想象》（*Applied Imagination*）一书。在该书中，他总结出问题解决过程的 3 个基本原则（见图 5-1）：①找到事实；②找到想法；③找到解决方案。这样做的目的是找到或创造一些有价值的新东西。为了更进一

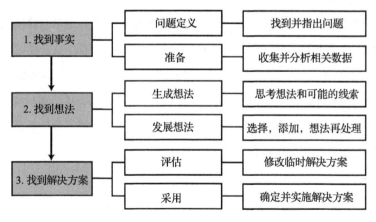

图 5-1　问题解决的奥斯本原则和流程

步地激发创造性思维，奥斯本还创建了一个覆盖 9 个区域的检查清单（见表 5-1），用以在自我审问的过程中对所得想法进行仔细考量。

表 5-1　奥斯本创新检查表

区域	我们如何 能够____	要思考的问题	
1	用在其他地方	● 本身不变，改变使用方法	● 如果修改，有何其他用处
2	适应调整	● 与之类似的还有什么 ● 过去是否有类似的对比物 ● 我能效仿谁	● 还有其他什么想法建议 ● 我能复制什么
3	修正	● 新转变 ● 改变意思、颜色、动作、声音、气味、形式、形状	● 其他变化
4	放大	● 要加入什么 ● 更高频率 ● 更高 ● 更厚 ● 加材料 ● 多个	● 更多时间 ● 更强 ● 更长 ● 额外价值 ● 复制 ● 扩大
5	缩小	● 要减掉什么 ● 浓缩 ● 更低 ● 更轻 ● 简化 ● 轻描淡写	● 更小 ● 微型化 ● 更短 ● 省略删除 ● 分割
6	替代	● 还能用什么替代 ● 其他成分 ● 其他流程 ● 其他地方 ● 其他声调	● 替代什么 ● 其他材料 ● 其他动力 ● 其他途径

区域	我们如何 能够___	要思考的问题	
7	重排	● 交换零件 ● 其他布局 ● 置换因果 ● 改变排序	● 其他模式 ● 其他顺序 ● 改变节奏
8	颠倒	● 反向会怎样 ● 前后颠倒 ● 反转角色 ● 旋转台面	● 置换消极面与积极面 ● 上下颠倒 ● 改变角色 ● 转成另一面
9	合并	● 混合、合金、合成物、成套，会怎样 ● 合并单元 ● 合并诉求	● 合并目的 ● 合并想法

头脑风暴

头脑风暴流程的命名也要归功于奥斯本，他提出了 4 条有效规则：

1. 不批评（晚些再评价）。

2. 欢迎"天马行空"（越狂野越好，顺着往下想要比发明容易）。

3. 需要一定数量的想法（想法越多，越可能从中发现可用的那个）。

4. 寻找合并与改进（为让他人的想法变成更好的想法提供建议）。

根据奥斯本的观点，如果任何阻碍联想或创造性思维的框架被过于严格地应用在头脑风暴上，都会阻碍效率，导致人们达不到预期目的。任何事物都应该帮助刺激思维，千万要注意不要限制思维。这样设计的目的是要"跳出盒子思考"（think outside of the box）。奥斯本提出的关于头脑风暴和创新的三步法原则和规则是非常重要的进步，提供给组织一种结构化处理困难问题的方法。他的贡献清晰地反映在现代创新框架中，尤其是在强调创造性思维和想法生成的基本流程方面。

沃特·休哈特和爱德华·戴明——PDCA

奥斯本当然不是关注基于创造性问题解决方式的第一人。沃特·休哈特和他的学徒爱德华·戴明也在此领域贡献颇多（尽管提到这二位时，通常都会与质量活动联系起来）。休哈特预想了一种基本改进循环（明确标准、生产、检验），作为生产方面科学思考的基本形式（见图 5-2a）。

休哈特环例证了一个在很多类型 4 问题解决方式中都很关键的要素：重复的循环。戴明为便于日本受众理解，将休哈特环扩展为戴明环或四步法（见图 5-2b）。戴明环与产品质量、创新以及整个产品生命周期的"做中学"都密切相关。

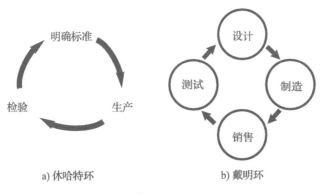

a) 休哈特环 　　　　b) 戴明环

图 5-2　休哈特环和戴明环

戴明环的四步法具体是:

1. 通过恰当的测试来**设计**产品。

2. **制造**产品,在生产和实验室中测试产品。

3. 将产品放在市场上**销售**。

4. **测试**顾客体验,为改进而重新设计。

1951 年,日本科学技术联盟将戴明的框架改成更加容易辨识的 PDCA 循环(见图 5-3a),但考虑到创新和产品生命周期,还是用原本的"戴明四步法"来思考类型 4 问题解决方式更容易。尽管将戴明环介绍给日本企业高管已经是半个多世纪之前的事情了,大多数开放式方法仍然在寻求尽可能快速地重复学习循环,以获得客户反馈并在所有相关领域进行改进。

语言可能会稍有不同,但是基本思维几乎没有变化。想想埃里克·莱斯(Eric Ries)的《精益创业》中所提到的三阶段概念(见图 5-3b)——**建造**(build)、**测量**(measure)、**学习**(learn)。他的迭代流程在基础层面就与休哈特环、戴明环非常相似。言辞可能会变化或者被稍稍改动,但是永恒的经典概念都百世不易。

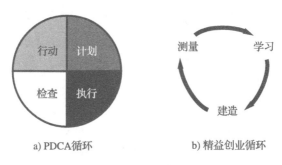

a) PDCA循环　　　　b) 精益创业循环

图 5-3　PDCA 和精益创业

根里奇·阿奇舒勒——萃思

另一个类型 4 问题解决的框架，是由苏联作家、发明家根里奇·阿奇舒勒和他的同事所开发的萃思方法论（或"发明问题解决理论"）。尽管在 20 世纪 90 年代之前，萃思在苏联以外知名度有限，但这种方法论可以追溯到 1956 年发表的有关全球专利文献研究的著作。

在回顾这些专利和发明的过程中，阿奇舒勒识别出了很多发明创造研发过程的通用模式。尤其要说的是，他的研究有四大发现：

1. 各行业与各科学领域之间的问题和解决方案都是重复出现的，可以根据创造性和解决矛盾的水平进行分类。
2. 技术进步和发明性问题解决的模式，在各行业与各科学领域之间是重复的。
3. 发明创造运用了其他领域的科学效应。
4. 科技演化的趋势是存在的，并且系统的进化发展是高度重复和可预测的。

萃思通常被描绘成一种解决包含技术矛盾的发明问题的方法。它努力帮助从业者通过突破性解决方案来解决矛盾。它在一个具有 39 个参数和 40 个发明原则的矛盾矩阵中，描述了不同的工具和技术。例如，40 个改进原则中有一个包括了"重量补偿"（anti-weight）原理。在水上的船只，或热气球，都是较重的物体，需要浮力或者向上的力来克服重力。一定要在方程式里加入一些元素来解决这类有问题的矛盾，比如在船上应用水翼将船提升到水面之上，或者将热空气（或者氦气）充满气球来提供升力。

萃思框架中一个更常见的例子是"自助"原则。几年前，在加油站里你需要服务人员帮你加油并且检查，或餐馆里的服务员帮你倒饮料。现如今你在餐馆"自助"用餐，在自助服务终端或者网上自己印票，扫描自己买的东西，用手机付钱。这种"解决方案"就是很多问题的现成答案的一个例子，可以被复制到其他情况中去。

和奥斯本的工作很像，萃思中盛行的想法就是，对通用原则的回顾能够有助于激发新的想法，并对现状或潜在的问题情境做出创造性的突破。正如奥斯本的贡献、PDCA 和改善一样，想法的生成是有其框架和基本流程的。这种工具勉强算得上是个松散的路线图，帮助你有效前行。

拉里·基利——创新的类型

类型 4 问题解决方式并非只能和产品或服务的提供有关。这类问题解决方式可以和利润模型、网络、结构、流程和产品效能有关，当然也可以和系统、服务类型、渠道、品牌以及整体用户体验相关。很多人都曾明确地阐述过这一关键点，比如拉里·基利（Larry Keeley）和他的同事提出的 10 种创新类型（见表 5-2）。类型 4 问题解决方式并没有边界。

表 5-2　基利的 10 种创新类型

构造配置	利润模型	赚钱
	网络	与其他相连来创造价值
	结构	使你的才能与资产相一致
	流程	使用更优秀的方法完成工作

提供	产品效能	利用独一无二的特性与功能
	产品系统	创造互补的产品和服务
经历与体验	服务	支持与强化你所提供的价值
	网络	将你所提供的东西交付给客户和使用者
	品牌	展示你所提供的东西与业务
	客户参与	培养互动

设计思维与基于多套方案的创新

设计思维

当今在各种组织中应用最广的创新方法首推"设计思维"，这种方法的核心是，首先识别出一个理想化的设计方案，然后通过结构化的快速试验流程反复迭代。设计思维一般被认为是一种以人为核心的创新方法，嵌入了人的需求、科技的可能性，以及在商业上成功的要求。[注]

设计思维始于数条影响途径，包括参与式设计、以用户为核心的设计、服务设计、可持续设计，以及元设计。设计思维方法的主要贡献者有：Herbert Simon、Horst Rittel、Victor Papaneck、Rudolf Arnheim、Robert McKim、Roger Martin，以及 Tim Brown。在推广设计思维的过程中，很多研究机构和设计公司也功勋卓著，比如斯坦福大学哈索普莱特纳设计学院、

[注] Tim Brown，*Change by Design*，Harper Business，New York，2009.

IDEO 设计公司。设计思维框架包含五个有交集的阶段（见图 1-14）。

各个阶段被有意地设计得比较广，也不必依照一定的次序（见表 5-3）。它们的共同点是，以学习为目的，尽可能快速地根据实际反馈来重复迭代这一模式。这很像 PDCA 循环，但其设计思维在侧重点、创新性迭代、用户参与方法方面是比较特殊的。

表 5-3　设计思维的各阶段

阶段	主要概念	关键点
移情	利用观察、互动和沉浸其中的方法，完全了解你为之设计的使用者的感受和体验	● 揭示不清楚的客户需求 ● 定义你为之设计的最终使用者 ● 发现指引行为的情感、情绪
定义	对移情阶段工作中的发现点进行处理与综合，形成你自己的观点和独特的设计构想	● 问题空间的框架化 ● 鼓舞你的团队 ● 对"我们可能会怎样"进行头脑风暴 ● 捕捉人的情绪和思维 ● "做中学"
想法生成	通过生成大量不同的解决方案来探索各种可能的方案，允许你跨越显而易见的问题并发掘一系列的想法	● 增加你的解决方案组合的创新潜力 ● 利用多视角 ● 揭示预期外的探索领域 ● 创造足够多的数量，以保证多样化选择
原型	将想法转化成实体形式的最小可多产品，因而通过体验与交互来学习，并得到更多移情感受	● 为了思考而建造和探索 ● 深化对设计空间和终端用户的了解 ● 与用户一同测试和修改解决方案 ● 早失败、常失败
测试	尝试高清晰度的产品，并利用观察与反馈来修改原型，更多地了解使用者，并优化你原本的观点	● 修改原型与解决方案 ● 更多地了解客户 ● 测试并调整你的观点

- **移情阶段**，是高度定性、感性和以人为中心的。

- **定义阶段**，意在通过"做中学"产生一个新的或独特的观点，而不只是定义问题。

- **想法生成阶段**，追求的是发散思维模式，而不是太快地聚敛到具体的项目上去。

- **原型阶段**，希望更快地学习，解决意见分歧，让终端使用者参与进来以获得反馈。

- **测试阶段**，基于实际使用者的体验和反馈进行修正，或者开始下一轮迭代。

有些观察者反对类型 4 问题解决方式中的"步骤"或者"阶段"等概念，因为获得创造性见解没必要遵循一种明确的分步骤式流程。任何检查清单或者模板化的方法，都有其内在的风险：在你生成更可预测的结果时，你所获得的产出也就更没创意。

著名的精益设计和创新专家马修·梅强调了创新作为一种创造性流程的不同维度，也指出了我们要认识到类型 4 问题解决方式和前三类问题解决方式之间具有一些相同特性的重要性。在其见解深刻的著作《赢得脑力游戏》（*Winning the Brain Game*）中，梅强调了四种类型问题解决方式都具备的通用基础，即"创新、问题解决、真正的学习……利用同样的重复迭代流程：提问质疑、框架化、假设、想法生成、测试、反思"。

尤其是对创新，梅提供了三个关键点供大家思考。第一个关键点是，线性标准流程的传统概念已经过时了。探索和试验与基于流程的思考为创新提供了同样多的驱动力。任何基于步骤的、开始于问题定义（比如类型 1 和类型 2）的方法的危险之处在于，你可能根本找不对问题，或者你可能会错失发现卓尔不群的、不同凡响的新事物的机会。

在类型 4 的问题空间及其解决方案空间中，对发散思维和聚合思维程序的多种观点的强调，正是对这种必要性的反思（见图 5-4）。发散思维确保了问题在过于细节之前能够被多角度地看待。这种概念特性与之前提到的奥斯本的"找到事实、找到想法、找到解决方案"的概念很类似，但与强调"事实"不同的是，它更多地去考虑定性状态，比如移情。

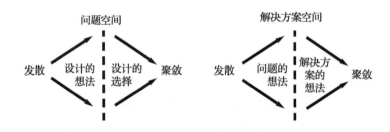

图 5-4　创新和发散思维

梅指出，无法预料的幸运情形会经常出现于"做中学"之中。我们不妨回想一下实验室技术人员亚历山大·弗莱明偶然发现青霉素的故事。幸运的是，弗莱明在一篇专门讲他实际研究的科学论文中，顺便提到了这一发现。其他科学家则发现了其中的重大意义，并进行了深入的研究，最终使得第一种商业用途的抗生素问世投产。

第二个关键点强调的是对使用者环境、经历体验和应用的"极度移情"。我们没办法预先对复杂环境进行全面的定义，因此，就要用观察和极度移情去"感受"终端使用者的情况，甚至要发生在定义基本问题之前。

梅有意识地呼吁一种内在的本能反应："想你现在或未来客户所想，并从他们的观点出发掌握现状。"与此相关的一个著名例子来自丰田的首席产品工程师，他在着手一项至关重要的产品重新设计之前开始了一趟观察之旅，去观察在美国 50 个州和加拿大的 Sienna 小型货车。其他的首席工程师就住在居民家庭附近，去了解这些产品最终每天实际上（不是理论上的）是如何被使用的。

第三个关键点考虑的是"极度试验"。简单地提出一个想法，以及制作几个原型，还不够让创新枝繁叶茂。梅提供了一个被他称为"猜、测、学"的三步法模型，这种模型体现了约翰·杜威"做中学"的基本精神，将试验作为流程的一部分。

快速的多次重复学习环，是开放式创新的精髓。雷克萨斯轿车的早期版本就包括了大量的原型和对试验和"做中学"的极度渴求。成本经常被当成是在开发过程中对开展更多试验的抑制剂。事实并非如此。故事板、便利贴，以及由简单原材料或者其他基本物品制作的实体模型，对掌握终端使用者的需求而言就足够了。这都是为了创新环境而做出适应性调整的PDCA。

基于多套方案的创新 ⊖
（德沃德·索贝克）

接下来这部分内容的贡献者是德沃德·索贝克，蒙大拿州立大学工

⊖ 本部分内容可以参考艾伦·沃德（Allen Ward）的《精益产品和流程开发》，该书已由机械工业出版社于 2011 年出版。——译者注

业与管理系统工程系教授。该部分主要是关于精益组织中，设计创新至关重要的部分，比如丰田——通过研发流程重心前置（frontloading the development process）来产生多个备选项，然后通过大家所知的"基于多套方案的设计"（set-based design）或"基于多套方案的创新"（set-based innovation）流程，在这些备选项中进行恰当地挑选。

每个组织都想"创新"，但主要问题是，产品开发组织，尤其是那些有很多工程师的组织，倾向于用某种方法克服不支持创新的挑战。一般来说，组织在早期流程中确定了设计需求之后，会生成很多想法，并选出其中最有希望的那个来进一步设计和研发。之后重复迭代该想法，尽量使其"可行"，直到满足了明确的设计要求或者没时间了（见图5-5）。

图 5-5　传统研发流程

这种基于"点"的方法中有很多问题，而且组织越大情况越糟糕，因为对设计中某个部分的改变会引发其他地方的改变。这似乎就陷入永无止境的改变循环，并且还创造出一种难以创新的环境。在基于多套方案的设计中（见图5-6），团队采取一种相当不同的方法来面对他们所面临的设计和研发挑战，这种方法极大地增加了创造新价值（比如创新）的机会。

图 5-6　基于多套方案的设计研发流程

"基于多套方案的设计"的 5 个核心实践：

1. 为每个识别出来的设计子问题，生成多个备选解决方案。

2. 利用通过分析、建立模型和低成本原型所得的数据，与设计要求对比，
   了解这些解决方案。注意所需数据的精细度，例如，当需要得到快速、
   大致的方案时，组织可以使用相似度较低的模型。

3. 当数据显示某方案达不到要求，或明显不如另一个备选方案时，取
   消该备选方案。避免对"早期赢家"的主观选择，以"取消流程"
   代之。

4. 随着项目的进行，尝试以设计极限（design limit）和权衡曲线（trade-
   off curves）的形式，去生成**可重复使用的知识**。假如你掌握了某设计
   概念的物理限制，而那些限制落在要求之外的话，你就可以安心地把这
   个选项取消掉。

5. 允许在设计要求中有一定的灵活性，因此你可以利用获得的知识来设定
   最终需求，更加全面地了解要做的权衡。

"基于多套方案的创新"为何不同且有效

每个以某种形式参加到产品研发流程中的人，都熟悉"晚期变更"的苦恼，它有时也被称为"回环"（loopback）。从精益角度来说，这很遗憾，因为"回环"只是顶着另一个名字的"返工"而已。研发者的工作是设计、分析并测试他们的产品或流程，却不得不在更晚一些的时候再次重复相同的活动。

与生产车间里的返工一样，研发中回环成本是非常高昂的。众所周知，变更的成本随着产品研发项目时间线的发展而增加。在设计阶段的变更成本比在原型期要低，而在原型期的变更成本又比在产品的生产中低（见图5-7）。有人曾断言，在任意给定阶段的变更，都要比在其前一阶段立刻更昂贵10倍！

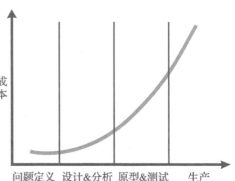

图 5-7 变更成本

通过积累我们已知的东西来启动产品研发项目是明智的做法。例如，制造工程师可以在项目开始的时候就为团队提供当前制造设备的流程能力信息，然后，产品设计者就可以（我们希望他们应该可以）在这些限制内设计，来使制造车间里可能发生的问题最小化，同时改进质量和效率。同样，新服务的设计师可以把交付限制作为输入来确定他们的设计要求。

当然，这种方法的挑战在于对知识的积累，但是也在于将知识从流程相关的术语"转化"成产品设计者能理解的术语。精益公司花了大量精力持续编制其流程能力目录，因而在任何新的产品研发计划要开始时，知识就已经被准备就绪，组织可以对它进行部署了。

也有人推荐，在项目的前期就组建跨职能团队，以便将研发项目的重心前置。团队由将产品带入市场所必需的所有职能的、有能力的代表组成，如销售和市场、产品工程师、工业设计、制造工程、采购以及财务，目的是确保在早期阶段就考虑所有的观点，避免在流程晚期出现那些预料之外的"发现"。

有个问题一直在困扰这些团队：他们在早期阶段应该做什么？这里就是切入快速实验的地方。斯蒂芬·托姆柯（Stefan Thomke）是哈佛商学院的教授，专注于产品、流程和科技的创新和研发的管理领域，他主张："试验处于每个公司创新能力的心脏位置。"他描述了在研发循环中尽早进行试验以加速学习和避免极度昂贵的晚期问题是多么重要。

"基于多套方案的创新"进一步（或者两步、三步）地采用了这个想法。相比于选一个想法用来试验，不如首先生成多个想法。通过将设计挑战切分成子问题，并对每个子问题生成想法，团队可以大大提升备选方案的数量。例如，一个试验用隔离装置的制造商能够识别其产品的三个子问题：净化系统、空气流、外罩。他们生成了 4 种独特的净化系统概念方案，3 种新空气流概念方案，以及 3 种新外罩设计概念方案，那么最终就会有 36 种不同的、潜在有效的系统概念方案——$4 \times 3 \times 3 = 36$！

对想法的评估并非基于利用经验和判断的主观方式进行选择，而是可以使用基于数据的取消流程，数据产生自分析、建模，以及低成本原型构建。用简明的计算开始，比如，你能消除什么选项？然后，加入剩下备选方案的细节增量，并再次评估可能消除的选项。继续执行这个流程，直到只留下坚实强大的备选方案，团队就可以为做出合理决策而准确地评估取舍。

从试验中得来的学习成果，可以被转化为极可贵的知识。例如，团队可以开发出"设计指南"，来指出最影响制造能力的产品特性，或者如何设计能避免制造出有问题的部件，或者在给定的运行环境中设计参数在怎样的区间内是最坚实稳固的。

如果生产的柔性能够被融入产品的设计需求中，团队就能大大提高研发速度。与其在流程早期就提出"一定要满足"的明确要求，不如确定好对关键要求满足情况的最低水准以及期望水准。一旦设计满足了要求的最低水准，就是可接受的。期望水准可以作为突破性的目标，或者有助于团队在满足最低水准的多个概念方案中进行抉择。

这点柔性可以让研发更加迅速，要求被设定得更加智能，因为它是基于对技术可能性的更深认知。例如，某喷墨打印机团队花了好多星期的时间尝试达成最后 10% 的绩效要求，然后他们发现，每分钟 12 页只是一个目标，而每分钟 10 或 11 页也是完全可以接受的。如果他们早就知道该信息的话，产品就能够提前三个月问世。

开始实施基于多套方案的创新

与其说"基于多套方案的创新"是一种方法论，不如说它是一种思维模式。有很多"基于多套方案思考"的方法可以改进新产品及其相关制造交付系统的研发流程。

- **开局不求大**。在那些你通常只想出一个主意就打算将其付诸实践的情境下，试着想出第二个或第三个——你不需要非常多的想法来获得巨大收益。同样，与其挑选一个想法付诸实践，不如试着设计一个试验来看看这两个想法到底哪个最好。

- **沟通**。早期就与流程中的相关人员就几个想法（而不是一种方法）进行沟通，比如，产品工程师去和制造工程师或者工业设计师沟通，或者护士去和 IT 部门、放射科或者实验室沟通。
- **迟些再将设计要求固化**。直到你已经有很好的知识基础，让你有信心并清楚地了解要做的取舍。

源自丰田的开放式实践概念

我们已经讨论了类型 4 问题解决方式中两种常见的主要方法和要素。类型 4 解决方式经常不被视为问题解决本身。大多数组织都利用精挑细选的一批人的聪明才智，来创造新的产品、服务或者商务模式，从而达成开放式改进的目的——即使他们不称其为"问题解决"。

类型 4 问题解决还有其他方式，其源于公司每个员工都有的创造力与创新精神。相对于上面所描述的、更大的、开放探讨的问题解决方式，还有一种利用针对性调研和具体问题处理所展开的、范围更广的"参与式创新"。

在丰田内部，这种类型的问题解决不会特别指定团队或具体的职能部门完成，取而代之的是每个岗位的每个人对改进和"自我发展"目的的期望（也就是"尊重员工"）。同样，不同形式的创新每天都发生在一线，也发生在更长周期的流程和产品研发中。

通过检视丰田将参与式创新散播到整个组织中的所有方法，我们可以在常见的问题解决方式（类型 1、2、3）和类型 4 问题解决方式之间搭建起一座桥梁。它不再孤悬于问题解决之外。接下来，我们要看一下丰田如何开展其参与式创新类型的三个例子。

1. 丰田创意功夫体系

丰田创意功夫体系（Toyota creative idea suggestion system，TCISS）始于 1951 年，由时任董事的丰田英二创立。该体系还要植根于他 1950 年夏天在福特汽车公司观察到的一个相似流程。TCISS 的基本概念是，每个人都应该有详细审视自己工作的机会，并被期望进行改进（见表 5-4）。这种思想是丰田尊重员工和持续改进理念的基础，它始于对自身工作、自身所处的更大流程，以及你交付给客户的产品的了解和掌握。

表 5-4　创意功夫体系

创意功夫体系
现状
—
—
问题点 / 困难
—
—
—
改进想法
—
—
—
实施计划
—
—
结果和收益
—
—
—

自从这套建议体系开始实施，丰田员工所实施的创造性想法已经超过 1 亿个。建议体系的实施，理论上使丰田和少数其他组织能够将创新程序深入组织一线。创新可以从个人自身的工作以及如何改进工作开始。每年都创造数以百万计的小想法，这是具有极大力量的，并对企业文化具有不可估量的价值。

2. 流程改进创新

在创意功夫体系之外，丰田也利用其他正式或非正式的体系来刺激思维程序。在前一部分中，我们简单介绍了标准化工作这一工具及其一般如何介入常规的改善中。此外，也有其他不那么正式的机会。我在日本丰田职业生涯的大部分时间都一直在参与发动机的铸造、机加工和组装。这在很多方面都是好事，因为我就在大野耐一建立的那家工厂里工作，丰田生产系统事实上也是在这里正式开启的。

下面这个例子重点讲的是，日常故障排除如何成为类型 4 问题解决方式与另外三种类型问题解决方式的纽带。

污染和清洁是一个困扰所有制造业公司（也包括健康和服务组织）的普遍问题。任何外物都能引发给定流程中的问题，相当少量的外部碎片都能导致产出骤降。在发动机厂，标准制造程序是要用位于生产线尾部的工业清洗机将部件清洁干净，并移除外来物，比如小切削屑、油和其他污染物。在清洗机内部的高压喷嘴可以从不同角度和方向吹工件，所有的目的都是为了清洁工件。

这种方法有用，但短板明显。首先是设备投资大，除了清洁工件之外，设备没有其他用处，属于"需要但不增值"的类型。过程是自动化的，需要化学溶液、能源，以及良好的日常维护，以让机器能保持理想功能。在过去的几十年里，清洗机经常是越来越大，越来越贵，因为其设计工程师为机器增加了额外的工位、旋转装置、高压系统、喷气系统、额外的喷嘴和其他装备。

清洁流程是需要的，但是所有的特性并没让工件变得更加清洁。它们确实增加了成本、复杂性和困难的维护工作（比如，从非常不舒服的角度才能够进到机器里面）。终于，一名负责排除该系统故障的丰田员工实在是受够了。他发现，从外部去吹一个具有很多凸起和缝隙的工件不是一个理想的解决方案——这么做偶尔会将碎片和污染物推得更靠内。

这个员工觉得，用另一种完全不同的方法，效果可能会更好。与其推着被清洗物体通过清洗流程，为什么不把其浸入到几个池子里，利用一种急降和搅拌相结合的动作模式来清洗呢？在组长和管理层的支持下，他设计了一个试验来测试想法。利用维护区的备件、一个工业机器人以及三个 55 美加仑[⊖]的浸入式水箱，特别小组进行了一次测试，让造出来的脏工件通过两种清洗系统以做比较。在质量部门、工程师和团队成员评估的时候，结果让人大吃一惊。在所有的比较中，更加简单的浸入式水箱法都取得了与原有清洗流程相比持平或更好的成绩。

这个试验为新的清洗机流程清空了道路。和老方法比起来，新流程的成本简直微不足道。新流程的循环周期更短，能耗更低，占地区域也小得多，整体操作也可视化了，而不是藏在机器里面。新流程的维护工作更加简单，员工可以很轻松地把设备重复使用在新产品上。考虑到在全球范围内对降低

⊖　1 美加仑 =3.785 41 升。

资本支出和运营成本的贡献，以及简单性，这是一个价值数百万美金的改进想法。

这个例子中具有类型1、2、3三类的改进要素——事实上，这是关键。对一个流程的清洁和故障排除行动引出了一个大得多的改进想法。巨大改进的种子，经常会潜伏在对我们所面临困难的质疑中。从这个例子中我们要学习的是，以全新且更优的流程为形式的创新可以来自任何地方。重要的是，既不是设备制造商，也不是流程工程师，为这个流程开发出了新想法。基本内容来自设备的终端使用者——维护的苦差事和清洁工作无疑是刺激创造性思维的一个因素。

另外，改善的——强调取消、合并、重排和简化的理念的通用技能培训似乎也有涉及。将PDCA应用到日常故障排除中，能够引发更大的事情，这一想法来自那些质疑现状并想出更好主意的员工。对于所有类型的问题解决方式，创新和创造却可以存在于其过程中的某些阶段。你离画面越近，看到的线条就越模糊。

3. 开放式的产品创新实例

当然，丰田也有更大规模的创新——产品研发。每个公司都在追求这类的创新，但很少真正成功。通常，这类改进在组织中的特定区域执行，高度关注产品的终端客户，而非企业内部员工或流程。突破性的进展能够、有时也确实会产生可观的利益，并为公司取得成功或击垮竞争对手。

纵观丰田历史，丰田已经取得了使整个公司受益的这类创新性突破进展。例如，TPS本身的发展就是一种制造业的创新方法。从最开始，公司就发现了竞争的特定细分市场和创新性方法。公司在开始时就找到了正确方法来成为小批量、高品质的成功制造商，而且是不同产品类型的柔性生产者。尽管丰田运营部门的口碑大多都与其久负盛名的制造系统牢牢绑定，但回顾一下它的产品创新也是很有帮助的。

- **紧凑型汽车**：丰田的成功始于在 20 世纪 60 年代对美国西海岸的轿车出口，但在建立这个桥头堡之前，丰田也遇到过挫折。1957 年，丰田向加利福尼亚出口了 30 辆皇冠豪华车。皇冠在日本曾取得巨大成功，但它并不适合在加利福尼亚驾驶，而且被各种问题困扰，比如振动、低马力、终端用户的不满。丰田并未放弃，而是回到绘图板前，制定出针对美国市场的、更好的、创造性的解决方案。丰田没有和行业巨头正面竞争，它打了个擦边球，以可靠性、可购性和更经济的油耗打开了紧凑型产品的特定市场。大众的甲壳虫等也在这一领域赢得了一批忠实的追随者。

- **高级车**：20 世纪 80 年代末期，丰田已经是一家高度成功的全球汽车制造商，但是市场对它的主要认知还是停留在入门级／中级的轿车和卡车制造商上。在时任董事长丰田英二的敦促下，公司高管不满足于这一细分市场，开始着手一项雄心勃勃的计划，进入利润率要高得多的高端汽车市场。丰田再次想办法去创新地进行竞争。新车型雷克萨斯以及相应的新业务部门为了在美国进行销售、财务和分销而被创造出来，这个部门被授予广泛的权力以脱离传统的做法。它建立了甚至比丰田常规标准还要高的质量与可靠性期望。不同的销售渠道、客户体验模式、市场与广告机制也纷纷被推出。丰田这种以创新为形式的竞争方法，创建了一个高利润率模式，也带来了极大的行业声誉。雷克萨斯汽车的定价相比之下很低，但车子与其主要竞争对手相比却更加可靠——相当经济的油耗，质量也更好。这一奢侈品牌事业部在很多年里都成为丰田大部分利润的贡献者——一个相当挑战但又渴望拥有的问题。

- **替代动力汽车**：在当今社会，丰田和所有汽车公司都有创新的机会在未来生产出具有替代性技术和动力系统的不同种类汽车。每个运输公司都参与到同一个汽车制造的竞赛中，看谁能够制造出驾驶更加舒适安全，排放更少微粒，更加环保，并尽可能少消耗能源的车。要想满足这样的设计期望，公司需要具有无尽的创造性思维。丰田在这种技术创新方面的两个例子，就是混合动力引擎的普锐斯和氢燃料电池汽车 Mirai（意为"未来"）。

普锐斯的故事

为了极大地改进燃油经济性，减少排放量，并试验新科技，丰田在 20 世纪 90 年代中期开始了普锐斯的研发。一个高水平的业务革新团队（被称为 G21，即 21 世纪的车）被组建起来，团队由公司高级管理层和关键工程师构成，并建立了非常具有挑战性的目标：让燃油的经济性加倍、零排放，以及在更小的车里有更大的空间感。

研发普锐斯是一项复杂程度相当高的艰巨任务。它包含了新科技、新制造流程、特殊电池和开关电路，以及几百个其他挑战。开发团队被要求用两年时间就将车投入市场。产品于 1997 年问世后，在世界各地广受好评。以丰田的标准来看，这款车存在一些缺陷，但很快在消费者中找到了一席之地，并超出了销售目标。第二代、第三代普锐斯极大改进了质量和可靠性，全球销量达几百万辆。

作为这一开放性试验的结果，丰田大多数车都有了其混合动力车型。超过 1000 万辆混合动力汽车被销往世界各地，写就了这不可思议的成功故事。它的成功孕育了竞争和新科技，其形式包括处于不同发展和成熟阶段的电动汽车、插电式混合动力汽车和燃料电池汽车。也许有一天，内燃机可能就成为汽车动力设计中的稀有品种了。

丰田几十年以来的稳步成功，不只是依靠了引导持续改进的、明确具体的流程步骤，而更像是创造某种工作环境的故事，这样的环境能够以鼓励员工创新、使员工能够创新的方式，让每个个体都深深融入他们的工作中。就像琳达·希尔（Linda Hill）和她的同事在哈佛商学院的"领导力倡议"中所提出的那样，伟大的创新组织会建立起能够产生"集体创造力"的工作环境，使组织能够持续超越竞争对手。

类型 4 问题解决方式的主要优势

这种类型 4 问题解决方式的优势和吸引力是显而易见的。这类问题的解决方式通常会很大胆、很冒险，具有释放新产品、进入新市场和为客户产生新价值的潜力。一项主要的突破性进展可能会保证组织持续几十年的高利润领导地位。对类型 4 问题解决方式的精通能够使你有能力持续改进、创新，并适应充满不确定性的未来。

类型 4 问题解决方式的局限性

类型 4 问题解决方式需要注意的，主要是它会成为组织唯一的改进焦点。高层管理者经常会屈服于突破性创新的诱惑，而忽视前三种类型的问题解决方式。这会导致改进程序组合的不均衡。在很大程度上，公司被排除在方程式之外，而技能又没有在其中得到完全的培养和发展。来自类型 4 问题解决方式的解决方案是非常难以预测的，被用于应对更高层面的不确定性。组织最好以"尊重员工、持续改进"为理念，从所有角度开展改进，并实施所有类型的问题解决方式。

类型 4 开放探讨型问题解决能力的评估

对渴望急剧提升绩效的高层管理者来说，愿景和创新是非常具有吸引力的东西。现实中，这类改进同样需要前面三类问题解决方式中所展示的勇气、创造力和挑战精神。

下面几个问题意在帮助你回顾本章内容，思考你当前在类型 4 问题解决中应用的方式：

1. 你的公司如何开展类型 4 的问题解决？

2. 你的公司在类型 4 问题解决上如何能够变得更快和更有效？

3. 谁实际参与到了类型 4 问题解决中？

4. 在类型 4 问题解决中应用了什么方法和工具？

5. 你的组织在这类问题解决中的优势、劣势和机遇是什么？

第6章 总结

　　无论是在个人生活中，或是工作的任何组织中，我们都要进行无尽的问题解决或创新。那正是 PDCA 循环之美。这一过程不是线性的——一个阶段的完成，意味着反思、学习，以及经常性地转移到下一个阶段。有时是转移到下一个不同的问题，而有时是用不同类型的问题解决方式再次重复处理之前的问题，以达到更高水平。无论如何，总有要为之努力的下一个层面。

　　当问题已经"被解决"时，我们还是能提出关于问题解决流程有效性的问题。有什么能让进展更快，或者执行得更轻松？当一次事后诸葛亮，想想如何能在最开始的时候预防该问题的发生？即使作为个体的你已经掌握了很高水准的问题解决技巧，可是仍会残存一些关于如何提升其他人的问题解决有效性（比如，教练辅导和导师指导）及整个组织的技能问题。

　　本书的一个主要目标就是，以一种既容易让初学者掌握又对高级实践者有用的形式去展示一种全面的问题解决知识体系。很少有实践者在全部四个类型方面都是专家。因此，四种类型的问题解决框架对每个人都有用

（见图 6-1）。

图 6-1　四种类型的问题解决框架

　　一种类型的问题解决方式不能适用于所有的问题。国家图书馆不同于医院，也不同于创业型企业，也不同于传统的制造商。但不管有多少不同，大多数组织都努力奋斗在问题解决上。四种类型的问题解决框架为领导者、高级管理者、经理、团队成员，或者任何一个具有精益思想的人提供不同的问题解决方式，并凸显了改进的道路。四种类型是简单而有用的透镜组，你可以透过这组镜片去看待很多你可能要面对的不同问题情况。

　　诺贝尔奖获得者丹尼尔·卡尼曼（Daniel Kahneman）的畅销书《思考，快与慢》为这个话题提供了一些很有用的深刻见解。卡尼曼描述了两种不同的思维模式，他称其为系统 1 和系统 2。系统 1 的思维模式快速、直觉、自动、感性，而系统 2 的思维模式慢速、深思熟虑、逻辑化、方法化。

　　人类和组织在面临问题或逆境时，一般会采用系统 1 的思维模式，它基本属于我们所说的"顺其自然"的模式。这样的选择通常是可行的，也是最有帮助的事。在更加复杂的情况下，系统 1 的思维模式就会由于其内在偏差和构建问题的方法而导致我们得出错误的答案。对更加精细和复杂的问题，我们需要系统 2 的思维模式来将真正的问题挖到底。

类型 1 问题解决方式与系统 1 的思维模式和快速反应匹配得很好。但是解决类型 2、3 和 4 的问题则需要采用更加深思熟虑的系统 2 的思维模式。把你自己的大脑和当前的组织行为想象成四档变速器，需要根据实际地形时刻变速。只有一个档位是不够的，即使目前能用，但随着你不断前行，这唯一的档位可能并不是最有效的。

这四种类型的"问题解决"方法在宏观层面有很多相似之处。让我们来看看每类中的重要交叉主题，以及一些细微差异。

1. 掌握情况

在所有的四种类型解决方式中，一个通用要素就是"掌握情况"。出现了问题或者疑虑、实施移情，以及利用数据或机遇来构建问题，组织都需要掌握情况。我们开始实施任何一种问题解决方式，都需要某种形式的背景或大环境来指引我们。

四种类型各自有不同的方法来掌握情况。在有些情况下，对于包括故障排除在内的问题类型，视觉观察（去现场看）的基本技能通常就够了。而在其他情况下，则需要我们使用更加精确的定量手段来收集事实并正确地描绘细节。要认识到主观观察的内在缺陷，设计思维特意采用了"移情"来获取各种感受、观点，以及那些经常第一眼就被忽略的复杂之处。没有一种用于掌握情况的方法能被完美地应用在所有情况下。

2. 定义阶段

四种类型问题解决方式的每一种，都用这样或那样的基础方法尝试定义问题或机会。无论你采用哪种类型的程序，假如问题定义不清晰，你就会挣扎于其中，并可能偏离正轨。无论在哪个行业或何种环境，这都是颠扑不破的基础道理。

定义的程度可能会根据需要而有不同。有时在问题解决中我们可能通过简单地陈述一个笼统想法来定义问题，而其他时候，我们就要尽可能细致地去测量与标准之间的差距。在其他的情况下，定义可能会比较模糊，只有当问题解决活动展开后才能变清晰。目标设定和开放探讨的程序通常就是这样的。

3. 分析 / 综合阶段

所有四种类型的问题解决程序都会采用某种形式的分析，经常也会采用某种形式的综合。最简单地来看，分析包括将事物分解成更小的部分来观察、测量和研究。综合则包括将事物以某种形式组合起来，来创造一个整体。这种将事物进行拆解研究，再将想法组合起来的流程，在所有类型中都具有普遍性。

在如何做的问题上四种类型各不相同，而这也是许多团队泥足深陷或者偏离正轨的地方。一般来说，类型 1 和类型 2 的问题解决程序更倾向于采用批判性思维和不同形式的根本原因分析，证实因果关系，以区别原因和识别解决方案。

利用头脑风暴去寻找更好的解决方案或改正性措施，这也可以作为类型 1 和类型 2 思维程序的一部分。若使用不当的话，你纠结了很久才完成的很可能是被我称为"希望骨"式的分析，而不是"鱼骨"式的因果关系树了。⊖换言之，团队会陷入列出他们认为或希望能引起问题影响的事项，而不是去细究实际的客观原因。

相反，在类型 3 与类型 4 中，你所寻找的思维模式或者解决方案基本不会出现一种原因对应一种影响的情况。这需要有分析，但除了要加入批判性思维之外，你也一定要去实践更高程度的创造性思维和更加发散的思维程序。我们需要"跳出盒子思考"。自由联想、创造性思维、迭代性试验，都能产生做事方法的新想法。

4. 行动—执行

当然，从某种形式来说，实施在所有程序中都一样。假如没有"执行"（do），那么就不会有物理意义上的进展或改进，只有精神层面的猜想。100 多年前，约翰·杜威提出了三阶段流程：计划—执行—回顾。戴明环、PDCA 循环、精益创业循环（比如，建造—测量—学习），以及设计思维，都采用了某种形式的开发、执行以及协调资源的步骤。

问题解决基本不是一项独立活动，对资源的协调是组织环境中不可避免的事。在"执行"阶段明确 5W1H，无论对哪种类型的问题解决方式来说，

⊖ "希望骨"，即 wishbone，是作者比较诙谐的说法，和英文中的鱼骨，即 fishbone，只有一个字母的差异。作者的意思是，因果分析是一种注重客观因果关系的工具，使用不恰当时会变成主观臆断，实际作用不大。——译者注

都是必要的。唯一的真正区别在于其实施的本质，是为了快速修复、获得更加长久的解决方案、对某个区域的仿真模拟，还是某种形式的原型，等等。

5. 检查/测试结果

由于现代问题解决方式本质上区别于自然科学调研，每种类型的方式中都包含某种形式的结果测量和测试。没有这个阶段也就没有问题解决，剩下的只有主观猜想。当我们停下来并衡量我们正在从事的工作方法、试验和相关结果时，问题解决和自然科学才变得客观。

很多团队和组织都挣扎在问题解决的这一部分中。对什么是错的、什么能够修复它产生了一个想法并实施该想法，然后在你的观点中声明"已经解决了"问题，这要比实际证明这一解决方案容易很多。不幸的是，自然科学和问题解决基本不在乎我们的想法和观点。对问题的衡量，方法的衡量，测试、试验和结果的衡量，是避免我们掩目捕雀、自欺欺人的唯一方法。

6. 试错和错误/做中学/迭代循环

所有四种类型的问题解决方式都描述了某种形式的试错和错误，"做中学"，或者尽可能快速重复的迭代循环。当为了学习掌握和改进现状而尽快循环的时候，问题解决程序才是最有效的。

故障排除的方式通常是四种类型问题解决方式中最快速的。通常，在下一次工作循环或者下一次时间管理循环中就能获得及时反馈。假如应对措施有用，那么我们基本可以继续。如果没用，就一定要考虑下一个可能的手段。类型 2 和类型 3 问题解决程序中包含了某种形式的迭代分析（比如，戴明环、PDCA 循环），以及重复循环和"做中学"的必要性。

类型 4 问题解决程序在本质上并无不同。快速试验、原型制作和"做中学"是类型 3 和类型 4 问题解决程序的核心。正是执行的行动和对结果的学习为下一轮的改进步骤提供了深刻认知。就像大野耐一评论的那样，"实践胜于理论"。

第 7 章　组织能力评估

这一章概述了对全面问题解决能力的简要评估，以及对每类问题的具体评估。最终，根据评估矩阵，即问题解决能力评估，你可以检查你自己和你组织的进展与改进。

有一些事项值得注意。我经常听到的几句话，版本不同，但意思相近，比如"我们已经知道这个了"，或者"我们已经完成了这项培训，需要继续学习下一个新工具或话题了"。"知"（"知道"）属于第 1 级能力。只是知道——即使是熟知，也还不够。你可以对高尔夫球知道很多，但仍然打出很差劲的成绩。斯坦福大学的教授杰弗里·普费弗（Jeffery Pfeffer）和罗伯特·萨顿（Robert Sutton）把此归入"知与行的差距"（knowing doing gap）中。简单地知道要做"什么"是不够的。为了改进，你必须要评估和提高你"做"的技能。

相似地，也不要陷入把培训出勤率或者课程数量当成组织能力的误区。许多组织在精益工具或六西格玛方面做了大量培训，并基于个人参与过的培训课程将其任命为专家或黑带。从你客户的角度，或员工处理棘手问题的角度出发，培训的数量无法反映实际的绩效。

评估组织应用四种类型问题解决方式的能力

下面的评估指导具有足够的通用性，可以应用于大多数情况，但可能需要做一些定制化以更好地适应你的实际情况，评估指导详见表 7-1 至表 7-5。某些读者会发现，自我评估、识别清晰的差距、看到在消除差距方面的快速改进，是相对直接易懂的，而其他读者可能要花点力气。不要在如何与别人比较上担忧，最重要的是，你的组织本身如何日复一日、年复一年地改进以及如何在客户眼中呈现。

表 7-1　问题解决能力的整体评估

级别	基 本 描 述	典型日常情况
第1级	我们整天忙着排除各种故障 我们反应式地、不持续地、不系统地对待问题 问题解决的技能组合较弱且有限	故障排除是反应式、分散且不系统的 提供的解决方案本质上是掩盖症状的"创可贴"，很少触及根本原因 很多类型的问题通常会重复出现 除了故障排除外，我们没有实现更加结构化的根本原因分析、目标设定或者开放探讨等类型的问题解决 技能组合差异较大，结果参差不齐，很少能维持下来 我们还没有提供广泛、系统化的问题解决培训 培训还局限在提供知识，而非能力（只有"知"，没有"行"）
第2级	我们能够有效地进行故障排除，并很好地解决某些类型的问题 我们仍然因被动、不持续和缺乏系统性而困扰 结果似乎不持久 问题解决主要由少数关键人物来领导	存在故障排除，但属于局部性的，大多数是分散和不系统的 许多问题被解决了，但解决方案主要针对症状，通常触及不到根本原因 问题经常重复发生 改进的工作大多数都是反应式的，不系统化，局限于少数关键人物 目标设定和开放探讨的改进活动大多是临时性的，基于不常见的特定事件 我们已经提供了一些问题解决培训，但不系统化 大多数培训只针对提供知识，而非能力（只有"知"，没有"行"）

级别	基本描述	典型日常情况
第3级	我们能够有效地进行故障排除，解决很多问题，并开展一些结构化的改进活动 我们仍然缺乏整体而系统化的流程 我们培养很多问题解决者，他们分布在多个领域	存在故障排除，但属于局部性的，大多数是分散和不系统的 结构化的问题解决能找到根本原因，而不只是停留在表面症状 一旦实施了应对措施，问题通常不会再重复发生 主动式改进活动还不能持续成功，不系统，经常不能持久 存在开放探讨的改进活动，有时但不经常能取得目标结果 我们提供了问题解决培训，但不针对全组织范围，也不完全系统化 许多培训超出了知识的范围，包含构建能力的实践经验（既有"知"，又有"行"）
第4级	我们在组织中有效地实践了所有四种类型的问题解决方式 我们是由善于思考的问题解决者组成的学习型组织	系统化地应用了所有四种类型的问题解决方式，并在取得卓越成果的同时，培养我们的员工 持续且系统化地进行故障排除 解决方案几乎总能找到根本原因 一旦解决，问题极少会重复发生 主动式改进活动都能持续成功，系统化，且通常都能持续 经常举办开放探讨式的改进活动，具有创新性，并且通常能取得预期成果 我们在整个组织里提供广泛而系统化的问题解决培训 培训总是会超出"仅限于知识"之外，包含构建能力的实践经验（既有"知"，又有"行"）

表 7-2 类型 1 问题解决能力的评估

级别	基 本 描 述	典 型 情 况
第 1 级	我们反应式地进行故障排除，整体处于分散、不持续、不系统的状态	基本理解，但不具有可被证实的能力 故障排除是反应式、分散且不系统的 我们没有提供广泛而系统化的问题解决培训 我们提供的培训仅限于提供知识，而非能力（只有"知"，没有"行"） 存在一些关于类型 1 问题解决方式的知识，但实际方法的应用很有限 对类型 1 问题解决方式，没有通用的语言、形式或方法 没有正式的系统去触发、响应或逐步升级类型 1 问题 类型 1 问题解决方面无评估和反馈，或与绩效 KPI 之间无关联
第 2 级	我们排除故障，但多数都是分散、不持续且不系统的	有基本理解，也有一些能力 故障排除时有发生，但属于局部性的，大多数是分散和不系统的 提供了一些问题解决培训，但不系统 大多数培训只提供知识，而非能力（只有"知"，没有"行"） 在某些类型 1 问题解决上，有基本理解和初级能力 所有一线主管人员及一些员工知道这种类型 存在类似"安灯"的系统或信号来触发异常 对类型 1 问题解决的成效有大致评估和反馈 对类型 1 问题与 KPI 的关系有大体了解，并将类型解决 1 问题解决与 KPI 相关联

级别	基本描述	典型情况
第3级	我们能够有效地进行故障排除，但在能力上仍有差距	可以在局部有效地进行故障排除，而非所有区域 有解决类型1问题的实际能力，比如运用4C方法 有提供问题解决培训，但不是覆盖全组织范围的，也不够完全系统化 很多培训超出了"仅限于知识"的范畴，包括实践经验来提升能力（既有"知"，又有"行"） 在故障排除中，非常擅长定义问题的因果关系 所有一线主管和员工在日常工作中能灵活地应用这一概念 有清晰快速的反应系统，能够快速有效地解决问题 每天对各级执行情况进行反馈和指导 明确且清楚地了解类型1问题与KPI的关系，并使其相关联 解决方案主要是消除症状，通常不会触及根本原因
第4级	我们能够快速有效地进行故障排除，这几乎一直贯穿整个组织	包含上述第3级所描述的所有能力 持续、系统化地故障排除 在整个组织中系统化地提供类型1问题解决的培训 培训总是能超出"仅限于知识"的范畴，包含提升能力的实践经验（既有"知"，又有"行"） 对类型1进行系统化和持续的改进 系统化和持续的员工发展 具有持续自我维持和发展的组织能力

表 7-3　类型 2 问题解决能力的评估

级别	基本描述	典型情况
第 1 级	我们解决类型 2 问题的方式整体是分散、不持续、不系统的	有基本理解，但不具有可被证实的能力 提供的解决方案是掩盖症状的"创可贴"，很少能触及根本原因，问题通常会重复发生 我们从未提供过广泛而系统化的培训 培训仅限于提供知识，而非能力（只有"知"，没有"行"） 存在文字知识和步骤，但这类问题解决方式的实际使用有限 只有一些专家或特定支持人员参与这一类型的问题解决 没有共同的语言、形式、方法或普遍培训 没有正式的系统来触发、响应或逐层升级类型 2 问题 没有对类型 2 问题进行评估或反馈 没有与绩效 KPI 之间的清晰关联
第 2 级	我们解决类型 2 问题的方式大多数是分散、不持续、不系统的	对类型 2 有基本理解和一些能力 解决方案主要处理症状，有时能触及根本原因，但工作不持续，问题经常重复发生 提供了一些问题解决培训，但零散且不系统化 大多数培训只在于提供知识，而非能力（只有"知"，没有"行"） 所有的管理层和一些员工知道类型 2 问题解决是什么 针对类型 2，有基于 KPI 的明确回顾和评估重点 要缩短差距，少数关键类型 2 问题是显而易见的 具有回顾和评估类型 2 问题且使目前存在的主要问题升级的一般程序 进行总体评估和反馈的程序 此类问题的解决流程与预期相比仍然较慢，反应性更强

级别	基本描述	典型情况
第3级	我们通常系统化地从根本原因层面解决类型2问题 组织中很多领域都有卓越的根本原因式问题解决者	解决方案通常能深入根本原因的层面。应对措施实施后，问题基本不会再重复发生 我们在组织的大多数区域提供了未完全系统化的问题解决培训 大多数培训超出了"仅限于知识"的范畴，包含了提升能力的实践经验（既有"知"，又有"行"） 所有管理层和大多数员工都能灵活地应用类型2概念 存在清晰、快速的响应系统，能够快速有效地解决问题 类型2问题的升级有明确的程序 每天对各级执行情况进行反馈和指导 通过KPI来证实类型2改进能力的年度提升，明确且清楚地了解类型2问题与KPI的关系，并使之相互关联 对这类问题能快速识别并强力响应
第4级	我们持续而系统化地在根本原因层面解决类型2问题	包含上述第3级中所描述的所有能力 在多年跨度中有清晰的年度验证结果 解决方案总是能够触及根本原因，问题一旦被解决，罕有重复发生 我们在整个组织中提供了广泛而系统化的问题解决培训，培训总是超出"仅限于知识"的范畴，包含了提升能力的实践经验（既有"知"，又有"行"） 系统且持续地培养员工，以提升其类型2问题解决能力 具有持续发展的组织能力

表 7-4　类型 3 问题解决能力的评估

级别	基本描述	典型情况
第 1 级	我们在解决以改进为导向的类型 3 问题时，整体上是反应式、分散且不系统化的	对类型 3 问题解决方式有基本理解，但不具有可被证实的能力 我们没有提供广泛而系统的类型 3 问题解决培训 培训仅限于提供知识，而非能力（只有"知"，没有"行"） 改进工作不系统化，罕有能维持下来的 有文字知识和相关工具，但实际使用有限 只有专家或支持人员知道类型 3 是怎么回事 没有正式的系统去触发、响应或逐层升级类型 3 问题 对类型 3 问题没有评估或反馈 和绩效 KPI 之间没有明确的联系
第 2 级	我们解决类型 3 问题的方式，大多数是分散、不持续且不系统化的	对类型 3 问题解决方式有基础了解，有有一些可被证实的能力 改进工作大多是不系统的，通常不持续 提供了一些改善导向的问题解决培训，但零散且不系统 大多数培训只提供知识，而非能力（只有"知"，没有"行"） 所有管理层和大多数员工知道这一类问题解决是什么 完成一些特定活动，有些计划是有效的 针对类型 3 问题，有明确的、基于 KPI 的绩效评估 超越现有标准的少数关键改进区域是明确的 具有对进行中的问题 / 机会的逐层升级的通用程序

级别	基本描述	典型情况
第 3 级	我们通常创造性、系统化且积极主动地解决类型 3 问题	善于理解类型 3 以改进为导向的问题解决活动，具有可被证实的能力 解决方案一般解决根本问题，通常应用的是创造力而不是资金 培训大多能覆盖全组织，并超出"仅限于知识"的范畴，包含构建能力的实践经验（既有"知"，又有"行"） 明确且清楚地了解类型 3 问题和 KPI 的关系，并使之相关联，有与 KPI 相关的、年度验证的改进能力 有清晰的、主动的计划系统，这有助于识别出潜在的改进项目 所有管理层和大多数员工可以灵活运用此概念，定期反馈和教练辅导在所有层级都被执行
第 4 级	我们积极主动且创新地处理类型 3 问题	包含上述第 3 级中所描述的所有能力 非常擅长解决类型 3 问题，在长时间范围内具有每年验证的结果 解决方案几乎总是能从根本上解决问题，高度应用创造力（不是资金） 在整个组织中广泛而系统化地培训，总是能超出知识的范畴，包含了构建能力的实践经验（既有"知"，又有"行"） 团队和个人都可以很善于解决类型 3 问题 对类型 3 的程序进行系统化和持续的改进，并培养员工 具有持续发展的组织能力 客户提供极好的反馈

表 7-5　类型 4 问题解决能力的评估

级别	基本描述	典型情况
第1级	我们解决类型 4 问题的方式，是反应式、不持续且不系统的	不具有可被证实的能力，可能对现状有些了解 开放探讨型改进活动是完全孤立的、不系统化的、不持久的 一直没有创新 一直没提供广泛而系统化的开放探讨式问题解决培训，培训仅限于提供知识，而非能力（只有"知"，没有"行"） 只有少数专家或支持人员知道类型 4 是怎么回事 没有正式的系统来触发、响应或者升级类型 4 的问题或机会 与绩效 KPI 之间没有明确的联系
第2级	我们积极主动地解决类型 4 问题，但分散、不持续、不系统化	有基本理解，也有一些能力 解决方案力图处理根本问题，以创新的方法解决问题，强调达成目标状态 有积极主动的系统和计划流程，能驱动开放探讨型的问题解决方式以一定节奏进行改进 主要由专家和专职资源参与这类问题的解决 提供一些培训，但零散、不系统，大多数培训提供知识，而非能力（只有"知"，没有"行"） 针对类型 4，有明确的、基于 KPI 的绩效评估 对目前存在的问题或机会，有审查和升级的流程，并进行总评估和反馈

级别	基本描述	典型情况
第3级	我们通常主动创新，系统化地解决类型4问题	善于理解类型4问题解决方式，具有可被证实的能力 解决方案通常解决根本问题，运用高度的创造力和突破性思维 提供的培训基本覆盖整个组织，大多数能超出"仅限于知识"的范畴，包含构建能力的实践经验（既有"知"，又有"行"） 每年通过KPI来验证类型4的改进能力 所有管理层和大多数员工能够灵活运用这一概念 具有清晰的、积极主动的计划反应系统，这有助于识别开放探讨型问题解决的机会 对各级执行情况进行反馈和指导 明确且清楚地了解类型4问题和KPI的关系，并使之相关联
第4级	我们持续积极主动地参与到有效的改进活动中，并在处理开放探讨型问题上有所创新	包含上面第3级描述的所有能力 非常擅长解决团队和个人的类型4问题，在长时间范围内具有年度验证的结果 解决方案几乎总是能改进根本绩效，在执行中高度创新 在整个组织中广泛而系统化地培训，总是能超出现有知识范畴，包含构建能力的实践经验（既有"知"，又有"行"） 有系统化、可持续执行的类型4问题解决流程，并注意培养员工 具有持续发展的组织能力 客户提供极好的反馈

全面评估矩阵

为帮助你做好自我评估，你可以将"问题解决能力评估"（见图7-1）作为指引，或者制作一个自己的评估计划。你需要定期地对技能和改进行动进行回顾。很多组织可能做的是年度评估，并以季度为回顾周期。情况会因范

问题解决能力评估

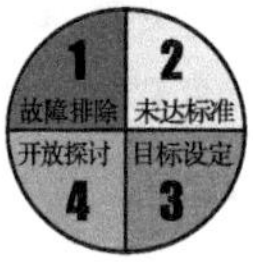

姓名：_____

日期：_____

类型1 故障排除	类型2 未达标准	类型3 目标设定	类型4 开放探讨
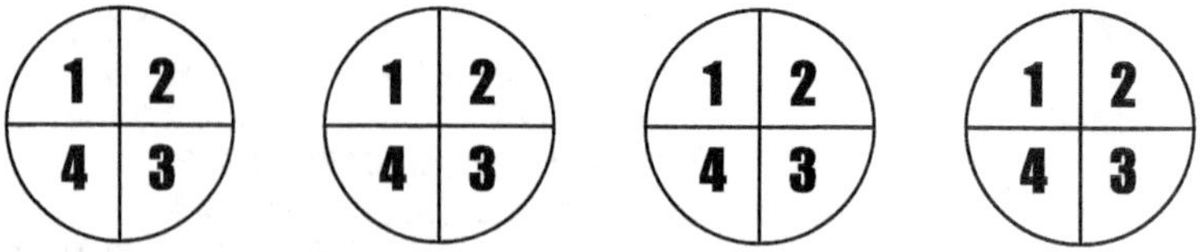 1 2 4 3	1 2 4 3	1 2 4 3	1 2 4 3

给每种类型中的1~4象限涂上阴影，来显示你在每种类型中的能力水平。

能力发展计划

类别	当前水平	目标水平	改进行动项	下一次评估
类型1				
类型2				
类型3				
类型4				
整体				

图 7-1　问题解决能力评估

围、难度和紧迫性而有所不同，并导致不同的时间频率。任何组织能力的评估方式，其重点都不在"分数"上。评估的目的是识别出弱点和需要改进的区域。

任何评估方式的价值都在于，我们如何利用方案实现改进。依据评估情况（见图 7-2），你可以创建出自己的计划。为了创建这一计划，你可能需要先从 A3 开始，但你会需要通过计划流程来创建出一份综合性计划。以下是几点提示：

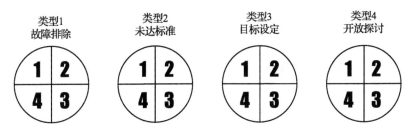

给每种类型中的1~4象限涂上阴影，来显示你在每种类型中的能力水平。

图 7-2　四种类型问题解决能力水平

1. 问题解决能力的发展主要是来自"做中学"的过程。这一点在"学习与发展"的 70:20:10 模型中有清楚的体现，即人们 70% 的学习来自挑战性的任务，20% 来自发展的人际关系，而 10% 来自课程和培训。⊖

2. 识别出你组织的需求和当前能力水平之间的差距。如果你挣扎在达成财务目标、及时发货、维护质量及维持改善收益上，你可能需要重点关注

⊖ 在创新领导力中心（CCL）工作的摩根·麦考尔及其同事因首倡 70:20:10 模型而广受赞誉。

对类型 1 和类型 2 问题解决技能的培养。如果你在提供新的产品、特性或服务上落后于竞争对手，你可能需要关注对类型 3 和类型 4 问题解决技能的培养。

3. 你的计划会需要：①所有者（owner）；②计划流程；③具有里程碑的时间线；④管理和回顾流程。

4. 想想如何让你的人力资源 / 组织发展部门和需要改进的运营或职能部门配合起来？

评估总结

本章所描述的评估概念，旨在运用四种类型问题作为有用的框架，来帮助你在问题解决的旅程上走得更远。要诚实、批判性地自我评估。让那些对结果持客观态度的其他人参与到你的评估流程中是非常有益的，高估或低估你组织的能力没有任何意义。

在考虑了具体环境的大背景并用它来衡量一段时间的进展时，你的评估就会非常有用。确定你当前的评估水平，并与你的目标对比。其实你本质上是在创造四种类型框架下与你自己问题解决能力相关的类型 2 或类型 3 问题。诚实、严格地实践 PDCA 循环，你就会改进自身在这方面的能力。

很少有组织擅长所有四种类型的问题解决，并持续表现出最高水准。事实上，所有能力都永远在第 4 级（最高等级）的组织肯定不存在。好消息是，也不是非要成为那样的组织。组织只需要重点关注和改进四种类型中的一到两种能力，并培养员工，就能取得巨大的进步。

本书中的评估工具和概念会帮助你创建一个这样的组织——有能力攻克

挡在你前进道路上的问题（出现类型 1 和类型 2 的引发式问题）或你自己创造的问题（出现类型 3 和类型 4 的情况）。能够干练地应对所有四种类型情况的组织，在面对这不可预测的世界可能产生的任何情境时，都能够有效地调整适应，并且比其竞争对手更容易取得成功。

为了开启改进之旅，需要问题意识与领导力方向。请记住大野耐一的名言："没有问题才是最大的问题。"

整体反思的关键问题

1. 针对四种类型问题，你所处情况的背景或大环境是什么？

2. 当前的问题或情况是什么？你在四种类型中每类得分是多少？

3. 你对四种类型的问题解决能力每类目标状态或目的是什么？

4. 分析你在每类的当前能力，并确定需要改进的是什么？提示：不要期望找到像基本"五个为什么"练习那样简单的单一因果关系。

5. 你的行动项是什么？请以清晰的 5W1H 形式写出来。

6. 在四种类型的问题解决中你要如何以及何时回顾各项任务的进展（即检查结果）？

7. 你要如何回顾、反思，将有效的部分标准化，并在接下来再次改进？

致谢

　　向那些为本书给予我巨大帮助的所有人都致以恰当的谢意是件难事。首先，我需要向引导我去实践理论的所有实际开发者和创新者致以谢意。我希望我对此做了恰当的处理，当然也为任何无意的错误承担责任。要涵盖这一话题相关的所有事、所有人是不可能的，但我希望我在所有相关方面都达到较高的水准。

　　从个人的层面来说，我必须深深地感谢我在日本丰田汽车公司的所有同事和导师。在20世纪80年代晚期，由于我获得的来自大量专家的卓越培训和教练辅导，我对问题解决这一话题产生了兴趣。从第一天开始，我的经理原田智雄就在不断地问我："什么是真正的问题？什么是第一原则层级的根本原因？你具体在测量什么？对既定的后果，如何最佳应对？"在正确执行和深深沉浸其中时，问题解决就会变成一个具有挑战性又很有意思的游戏。我要感谢他多年来在现实生活中给我上的第一原则层级的问题解决实务课。

　　加藤功先生是另一位我出于尊敬和感谢而要特别感谢的关键人物。对于解决问题和TPS，可能加藤先生忘掉的都比我学到的多。尽管加藤先生在西方世界并不广为人知，但几十年以来，他一直都是丰田发展和培训方面的关键人物。每个问题都可以从多个层级和不同角度去看待和解决。加藤先生在问题解决上"下棋",并教导他人"下棋",而我那时还处于相对小儿科的级别。感谢加藤先生多年来的所有教练辅导建议,以及分享给我的智慧。

我想感谢约翰·舒克,以及其他众多无法一一提及的 LEI 同事。本书的这个话题源于几年前我和约翰的一系列谈话。在精益的精神理念中,我们要一直努力反思,并问自己能做点什么来改进现状,或让下一次做得更好。本书源于其中一个以解决问题为主题的对话,关于我们迄今为止获得了哪些,以及我们在哪里观察到各种挣扎抗争。约翰很有风度地为本书作序,而事实上,他更像是本书的合著者及思想领导者。没有他的帮助和 LEI 的支持,本书不可能完成。

最后要感谢我多年来的客户和同事。我喜欢开玩笑地说,解决问题既是一种肢体接触式运动,也是一种脑力运动。套用杜威的话说,我们不一定要在实际经历某件事的时候学习。通常当你坐下来反思之后,你才真正从所做的事情中学习并获得知识。这样来看,正是我在各个组织中观察到的经历和挣扎,让我与约翰就这个话题进行了反思和对话。在此,感谢这些组织!

我希望本书让对你在持续改进和尊重他人的道路上获得一些帮助。祝你一路顺风。

阿特·斯莫利

加利福尼亚州,圣何塞市

2018 年 8 月

参考文献

Ackoff, Russell, *The Art of Problem Solving*, New York: Wiley, 1978.

Altshuller, Genrich, *On the Psychology of Inventive Creation*, Issues in Psychology, 1956.

Altshuller, Genrich, *And Suddenly The Inventor Appeared: TRIZ The Theory of Inventive Problem Solving*, Technical Innovation Center, 1996.

Amasaka, Kakuro, *Science SQC, New Quality Control Principle: The Quality Strategy of Toyota*, Springer-Verlag, Springer Science & Business Media, English Translation, 2004.

Brown, Tim, *Change By Design: How Design Thinking Transforms Organizations and Inspires Innovation*, Harper Collins Publisher, 2009.

Carson, Jamin, A Problem With Problem Solving: Teaching Thinking Without Teaching Knowledge, *The Mathematics Educator, Vol. 17, No.2*, 7-17, 2007.

Cannon, Dale R., *TWI Problem Solving Training Manual, Training Within Industry*, Cleveland, OH, 1955.

Cooperrider, David and Whitney, Diana, *Appreciative Inquiry: A Positive Revolution in Change*, Berrett-Koehler, Oakland, CA, 2005.

De Bono, Edward, *Six Thinking Hats*, Little, Brown and Company, 1985.

De Bono, Edward, *Lateral Thinking: Creativity Step by Step*, Harper Colophon, 1970.

Deming, W. Edwards, *Elementary Principles of Statistical Control*, JUSE, 1950.

Dewey, John, *How We Think*, Buffalo, NY, D.C. Heath and Co., 1910.

Dewey, John, *The Development of American Pragmatism*, Indiana University Press, 1925.

Dewey, John, *Democracy and Education*, Vintage Books, New York, 1916.

Dorner, Dietrich, *The Logic of Failure: Why Things Go Wrong and What We Can Do to Make Them Right*, New York: Metropolitan Books, 1996.

Fisher, Ronald, *The Design of Experiments, 9th Edition* Macmillan, 1971. Originally published by Oliver and Boyd, 1935.

Graup, Patrick & Wrona, Robert, *Implementing TWI: Creating and Managing a Skills Based Culture*, CRC Press, 2010.

Ishikawa, Kaoru, *What is Total Quality Control?* Prentice Hall, Inc., 1985.

Ishikawa, Kaoru, *Introduction to Quality Control* (Japanese Language), NikkaGiren, 3rd Edition Toyo Keizai Publishing, 1989.

Imai, Masaki, *Kaizen the Key to Japan's Competitive Success*, Random House, 1986.

JUSE, QC Circle Headquarters, *Fundamentals of QC Circles*, JUSE Press, English Translation 2008.

Juran, Joseph, *Juran's Quality Handbook, 1st Edition*, McGraw Hill, 1951.

Juran, Joseph, *A History of Managing for Quality*, ASQC Quality Press, Wisconsin, 1995.

Keeley, Larry, *Ten Types of Innovation: The Discipline of Building Breakthroughs*, New York: Wiley, 2013.

Kelley, Thomas and Littman, Jonathan, *The Art of Innovation: Lessons in Creativity from IDEO, America's Leading Design Firm*, Crown Business, 2007.

Kranz, Gene, *Failure is Not an Option: Mission Control from Mercury to Apollo 13*, New York: Simon & Schuster, 2000.

Kepner, Charles and Tregoe, Benjamin, *The Rational Manager: A Systematic Approach to Problem Solving and Decision Making*, New York: McGraw Hill, 1965.

Kepner, Charles and Tregoe, Benjamin, *The New Rational Manager*, Princeton, NJ: Princeton Research Press, 1997.

Lombardo, Michael M. and Eichinger, Robert W., *The Career Architect Development Planner*, Lominger Limited, Minneapolis, MN, 1996.

May Matthew, *The Laws of Subtraction: 6 Simple Rules for Winning in the Age of Excess Everything*, New York: McGraw Hill Education, 2012.

May, Matthew, *The Elegant Solution: Toyota's Formula for Mastering Innovation*, New York: Free Press, 2011.

May, Matthew, *Winning the Brain Game: Fixing the 7 Fatal Flaws of Thinking*, New York: McGraw Hill Education, 2016.

Moen, Ronald and Norman, Clifford, *Evolution of the PDCA Cycle*, Associates in Process Improvement, 2009.

Martin, Robert, *The Opposable Mind*, Boston: Harvard Business School Press, 2007.

Nemoto, Masao, *Total Quality Control for Management*, JUSE, Japan 1983, Translated by David Lu, Prentice-Hall United States, 1987.

Ohno, Taiichi, *The Toyota Production System: Beyond Large Scale Production*, Productivity Press, 1988.

Ohno, Taiichi, *Workplace Management*, NewYork: McGraw Hill, 2012.

OJT Solutions, *Problem Solving the Toyota Way* (in Japanese), Kadokawa, Japan, 2014.

Osborn, Alex F., *Applied Imagination, Principles and Procedures of Creative Problem Solving*, New York: Charles Scribner Sons, 1953.

Pareto, Vilfredo, *Cours d'economie politique*, 1896

Petroski, Henry, *To Engineer is Human: The Role of Failure in Successful Design*, New York: St. Martin's Press, 1985.

Petroski, Henry, *Success Through Failure: The Paradox of Design*, Princeton, NJ: Princeton University Press, 2006.

Pfeffer, Jeffrey and Sutton, Robert, *The Knowing Doing Gap: How Smart Companies Turn Knowledge into Action*, Harvard Business School, 2000.

Ries, Eric, *The Lean Start Up: How Today's Entrepreneurs Use Continuous Improvement to Create Radically Successful Businesses*, Random House, 2011.

Rother, Mike, *Toyota Kata*, New York: McGraw Hill, 2009.

Sarasohn, Homer and Protzman, Charles, *CCS Management Seminar Fundamentals of Industrial Management*, 1948.

Shewart, W. A., *Statistical Methods From Viewpoint of Quality Control*, United States Department of Agriculture, 1939.

Shingo, Shigeo, *A Study of the Toyota Production System: From an Industrial Engineering Viewpoint*, Productivity Press, 1989.

Shook, John, *Managing to Learn*, Lean Enterprise Institute, Cambridge, MA, 2008.

Shook, John and Rother, Mike, *Learning to See*, Lean Enterprise Institute, Cambridge, MA 1998.

Smalley, Art and Sobek, Durward, *Understanding A3 Thinking: A Critical Component of Toyota's PDCA Management System*, CRC Press, 2008.

Smalley, Art and Kato, Isao, *Toyota Kaizen Methods*, CRC Press, 2001.

Taylor, Fredrick, *The Principles of Scientific Management*, Harper & Brothers Publishers, New York, 1911.

Training Within Industry Service, Bureau of Training, *The Training Within Industry Program: Job Instruction, War Manpower Commission*, Washington D.C. 1943.

Training Within Industry Service, Bureau of Training, *The Training Within Industry Program: Job Methods, War Manpower Commission*, Washington D.C. 1943.

Training Within Industry Service, Bureau of Training, *The Training Within Industry Program: Job Relations, War Manpower Commission*, Washington D.C. 1943.

U.S. Department of Defense, *Procedures for Performing a Failure Mode, Effects and Criticality Analysis*, MIL-P-1629, Washington D.C., 1949.

U.S. Department of Defense, *Corrective Action and Disposition System for Nonconforming Material*, MIL-STD-1520, Washington D.C. 1974.

Yoshimura, Tatsuhiko, *Toyota Shiki Mizzen Boushi GD³ (Japanese) Toyota Style Pre-Occurrence Problem Prevention Methods*, Nikka Giren, 2002.

精益思想丛书

ISBN	书名	作者
978-7-111-49467-6	改变世界的机器：精益生产之道	詹姆斯 P. 沃麦克 等
978-7-111-51071-0	精益思想（白金版）	詹姆斯 P. 沃麦克 等
978-7-111-54695-5	精益服务解决方案：公司与顾客共创价值与财富（白金版）	詹姆斯 P. 沃麦克 等
7-111-20316-X	精益之道	约翰·德鲁 等
978-7-111-55756-2	六西格玛管理法：世界顶级企业追求卓越之道（原书第2版）	彼得 S. 潘迪 等
978-7-111-51070-3	金矿：精益管理 挖掘利润（珍藏版）	迈克尔·伯乐 等
978-7-111-51073-4	金矿Ⅱ：精益管理者的成长（珍藏版）	迈克尔·伯乐 等
978-7-111-50340-8	金矿Ⅲ：精益领导者的软实力	迈克尔·伯乐 等
978-7-111-51269-1	丰田生产的会计思维	田中正知
978-7-111-52372-7	丰田模式：精益制造的14项管理原则（珍藏版）	杰弗瑞·莱克
978-7-111-54563-7	学习型管理：培养领导团队的A3管理方法（珍藏版）	约翰·舒克 等
978-7-111-55404-2	学习观察：通过价值流图创造价值、消除浪费（珍藏版）	迈克·鲁斯 等
978-7-111-54395-4	现场改善：低成本管理方法的常识（原书第2版）（珍藏版）	今井正明
978-7-111-55938-2	改善（珍藏版）	今井正明
978-7-111-54933-8	大野耐一的现场管理（白金版）	大野耐一
978-7-111-53100-5	丰田模式（实践手册篇）：实施丰田4P的实践指南	杰弗瑞·莱克 等
978-7-111-53034-3	丰田人才精益模式	杰弗瑞·莱克 等
978-7-111-52808-1	丰田文化：复制丰田DNA的核心关键（珍藏版)	杰弗瑞·莱克 等
978-7-111-53172-2	精益工具箱（原书第4版）	约翰·比切诺等
978-7-111-32490-4	丰田套路：转变我们对领导力与管理的认知	迈克·鲁斯
978-7-111-58573-2	精益医院：世界最佳医院管理实践（原书第3版）	马克·格雷班
978-7-111-46607-9	精益医疗实践：用价值流创建患者期待的服务体验	朱迪·沃思 等

推荐阅读

金矿：精益管理 挖掘利润（珍藏版）

作者：[法] 弗雷迪·伯乐 迈克·伯乐 ISBN：978-7-111-51070-3

本书最值得称道之处是采用了小说的形式，让人读来非常轻松有趣，以至书中提及的操作方法，使人读后忍不住想动手一试

《金矿》描述一家濒临破产的企业如何转亏为盈。这家企业既拥有技术优势，又拥有市场优势，但它却陷入了财务困境。危难之际，经验丰富的精益专家帮助企业建立起一套有竞争力的生产运作系统，通过不断地改善，消除浪费，大幅度提高了生产效率和质量，库存很快转变为流动资金。

金矿Ⅱ：精益管理者的成长（珍藏版）

作者：[法] 迈克·伯乐 弗雷迪·伯乐 ISBN：978-7-111-51073-4

在这本《金矿》续集中，作者用一个生动的故事阐述精益实践中最具挑战的一项工作：如何让管理层和团队一起学习，不断进步

本书以小说形式讲述主人公由"追求短期效益、注重精益工具应用"到逐渐明白"精益是学习改善，不断进步"的故事。与前一本书相比，本书更侧重于人的问题，体会公司总裁、工厂经理、班组长、操作员工以及公司里各个不同层级与部门的人们，在公司通过实施精益变革进行自救的过程中，在传统与精益的两种不同管理方式下，经受的煎熬与成长。这个过程教育读者，精益远不止是一些方法、工具的应用，更是观念和管理方式的彻底转变。

金矿Ⅲ：精益领导者的软实力

作者：[法] 迈克·伯乐 弗雷迪·伯乐 ISBN：978-7-111-50340-8

本书揭示了如何持续精益的秘密：那就是培养员工执行精益工具和方法，并在这个过程中打造企业的可持续竞争优势——持续改善的企业文化

今天，越来越多的企业已经开始认识并努力地实施精益，这几乎成为一种趋势。不过大多数实践者只看到它严格关注流程以及制造高质量产品和服务的硬实力，少有人理解到精益的软实力。本书如同一场及时雨，为我们带来了精辟的解说。